COMO MULHERES PODEROSAS SE TORNAM MULHERES CONQUISTADORAS

Copyright © Luiz Cuschnir, 2012

Preparação: Gabriela Ghetti
Revisão: Vivian Miwa Matsushita
Capa: Silvana Mattievich
Diagramação: Balão Editorial

Dados Internacionais de Catalogação na Publicação (CIP)
(Câmara Brasileira do Livro, SP, Brasil)

C989q

Cuschnir, Luiz
Como mulheres poderosas se tornam mulheres conquistadoras / Luiz Cuschnir. - São Paulo : Planeta do Brasil, 2012.
144p. ; 21 cm

ISBN 978-85-7665-810-8

1. Mulheres - Psicologia. 2. Autoconfiança. 3. Autoestima. 4. Relação homem-mulher. I. Título.

12-1729.   CDD: 305.42
           CDU: 316.346.2-055.2

2012
Todos os direitos desta edição reservados à
EDITORA PLANETA DO BRASIL LTDA.
Avenida Francisco Matarazzo, 1500 – 3º andar – conj. 32B
Edifício New York
05001-100 – São Paulo-SP
www.essencialivros.com.br
www.editoraplaneta.com.br
vendas@editoraplaneta.com.br

DEDICATÓRIA

Dedico este livro às pacientes que, em todos estes anos, me brindaram com um repertório tão sensível quanto poderoso e com quem divido o respeito e a torcida por uma vida melhor.

Aos meus pacientes homens que trazem tantos elementos profundos da masculinidade para que eu possa norteá-los em suas relações com as mulheres e com eles mesmos.

À equipe de profissionais do Gender Group® do Instituto de Psiquiatria do Hospital das Clínicas da Faculdade de Medicina da Universidade de São Paulo, coordenada pela psicóloga Vera Lucia Senatro, que tanto se dedica aos estudos e atendimentos para mulheres e homens contemporâneos.

À minha mãe Fanny, agora pela primeira vez sem a sua admiração por compartilhar mais um livro meu... só posso senti-la com saudades no meu coração.

NOTA DO AUTOR

Reservo-me o direito de preservar a identidade das pessoas que me mandaram e-mails e cartas ou que deram seus depoimentos. Esta obra foi baseada em pesquisas e vivências do estudo que desenvolvo sobre as dinâmicas psicológicas de mulheres e homens. Associações ou similaridades não especificam individualmente nenhum dos pacientes que venho atendendo nos meus mais de 30 anos de carreira.

SUMÁRIO

09 INTRODUÇÃO

13 CAP. 1 - MULHERES NÃO SE DÃO CONTA DE SEU PODER
16 O poder de transformar
17 O que é conquistar?
18 Os tipos de mulher conquistadora
21 As conquistas femininas e o tempo
22 A cozinha dos segredos
24 Ouvir mais do que falar
25 O feminino: poder e identidade
29 A mulher conquistadora é uma ameaça para os homens?

33 CAP. 2 – MULHERES PRÊMIO NOBEL
34 Quando realização rima com estresse
36 Aspirações e dilemas
40 A culpa pelo sucesso
41 Uma viagem de trem
43 A beleza como armadilha

45 CAP. 3 – PODER AMEAÇADO: MATERNIDADE *VERSUS* PROFISSÃO
48 A conquista de poder optar: carreira ou filhos
51 Risco profissional
55 Conquistando o amor: o aprendizado do dividir
58 A delícia de envelhecer bem
61 Mãe de todos

63 CAP. 4 – FAMÍLIA: UM SONHO MANTÊ-LA UNIDA?
66 Ele e ela: cada um com seu papel na família
68 O sentimento de inadequação
72 Pontos de vista diferentes
73 A sabedoria de conseguir mudar o que não dá certo
75 A sogra

77	CAP. 5 – TRAIÇÃO, O VÍRUS AMEAÇADOR
81	Quando o trabalho é o rival do casamento
83	A mulher também trai
84	Dois não são um
90	Prateleiras arrumadas
93	Vingança, revanche e confiança
95	CAP. 6 – A SOLIDÃO FEMININA: DILEMAS
98	Felicidade virtual
101	A solidão cria doenças
105	Desvantagem numérica
107	O jogo do bem-me-quer
108	A família como refúgio da solidão
110	Os ideais conforme a idade
111	Ouvir a própria voz
114	CAP. 7 – AINDA NÃO ESTÁ BOM
115	Trabalho com significado
117	Aprender a dividir e a delegar
120	Lutar sem perder o feminino
121	Eliminando a culpa ancestral
123	Conciliar sem se abandonar
124	A mulher: seu pior carrasco
125	Emoção *versus* razão
127	Atenta aos cuidados pessoais
128	Primeiro ocupar, depois expandir
130	CAP. 8 – A PRECIOSIDADE DA VIDA
131	Como está o seu poder?
135	A inteligência emocional e o amor
136	A mulher concebe e interpreta a sua música
139	ANEXO
139	Como você vem se dividindo?
139	Como era, como é, e... como será

INTRODUÇÃO

Não faz muito tempo, era um domingo bonito de sol e eu acordei animado, com a alma leve e cheio de planos para desfrutar daquele dia de descanso do consultório cujo movimento fora intenso naquela semana. E, como sempre faço, procurei sair da cama do jeito mais silencioso possível para não acordar Celia, minha querida companheira de jornada. Depois de um bom banho, coloquei-me diante do espelho, pronto para meu "ritual" diário, praticado desde a adolescência: comecei espalhando o sabão pela face, depois, com o pincel fui fazendo movimentos circulares por sobre a pele até que toda a parte baixa do meu rosto estivesse coberta por aquela espuma branca, macia e de odor másculo, levemente amadeirado. Então, troquei a lâmina descartável e iniciei o processo de fazer a barba. Estava disposto a fazê-la de forma precisa, deixando lisinha a pele do rosto. Então iniciei passando a lâmina no sentido dos pelos, depois repetindo o processo na direção contrária, o que provoca aquele barulho de raspagem dos pelos grossos.

Estava tão entretido nesse cuidado pessoal que, somente quando raspava a região do bigode, que costumo deixar para o fim, foi que me dei conta de que Celia me observava com um ar encantado. Isso me trouxe a consciência de quanto as mulheres ficam maravilhadas ao observar um homem nesse ritual que representa a masculinidade. Veio-me a lembrança carinhosa da minha filha Adriana ainda pequenininha, admirada de me ver barbear, além das brincadeiras de espuma de Papai Noel com meu filho André quando menino. Pelo espelho, eu sorri de volta para minha companheira, em cumplicidade por compreender que o que eu fazia naquele momento era parte do conjunto de símbolos do que é ser masculino e que sempre, não importa quanto o tempo avance, atrairá as mulheres.

Mesmo depois de tantos anos de convivência, e de forma inconsciente, a admiração sincera de Celia me fez sentir mais homem, reafirmou meu poder de atraí-la e, por outro lado, garantiu a ela, novamente, seu papel de mulher conquistadora. Em momentos como este fica muito claro quão diferentes os homens são das mulheres. Nem melhores, nem piores... apenas diferentes. No interior, o homem tem em seu papel de conquistador um caçador bárbaro, competitivo, porém sedutor. Já a mulher conquistadora é mais ligada ao mundo, ela se conecta aos outros em conjunto com o seu interior, que envolve delicadezas como a arte e a estética, ao mesmo tempo que presta atenção no relacionamento, planeja viagens, programa o lazer. Ela deposita no companheiro seus cuidados, informa-o do que acontece no mundo e à volta deles, e com isso tem a chance de alimentar não só seu homem como quem estiver a seu lado. Ao fazer isso, a mulher está exercendo o feminino em toda a sua potencialidade para nutrir uma relação, deixando a vida menos árida e mais diferenciada. Se toda mulher puder acreditar em quão poderosa ela é, afastaria qualquer fracasso para bem longe.

Foi pensando nesse tão amplo conjunto de detalhes que distinguem homens e mulheres – e que torna cada um tão especial – que tive a ideia de escrever este livro voltado para as mulheres conquistadoras. Ou seja, para todas elas, porque cada uma, ao seu modo, tempo e estilo pessoal, conquistou ou está para conquistar muita coisa.

Posso afirmar isso porque, sinceramente, de mulher eu entendo. Não digo isso de forma machista. Muito pelo contrário, falo com todo o sentimento repleto de admiração de quem as observa, intuitivamente, desde muito pequeno, depois com os olhos adolescentes do interesse pelo diferente e, na maturidade, com a serenidade que só o convívio e uma vida de estudos podem assegurar. Depois de tantos anos de pesquisas e de atendimento em meu consultório, posso afirmar que vislumbro a complexidade das mulheres e as compreendo. E garanto que, quando se fala de mulher, não se pode generalizar: cada uma é uma, com toda a sua beleza interior.

A mulher é um universo, uma complicada gama de sentimentos, possibilidades e de contrários e, cada uma, à sua maneira, tem seu poder em potencial. Digo isso porque venho de uma família judaica que conserva as tradições e fui criado em meio a mulheres marcantes.

Minha mãe, por exemplo, veio dessa linhagem de mulheres fortes e, até hoje, é a minha maior referência feminina. Tímida, elegante e discreta, tinha uma personalidade forte e, ao mesmo tempo, extremamente meiga, forjada pela rigidez de sua criação europeia que ela buscou nos transmitir, felizmente, de forma mais branda e adaptada aos trópicos.

Do seu jeito, ela foi uma mulher poderosa, uma conquistadora bem-sucedida, pois conseguiu nos transmitir os valores mais essenciais e ainda nos preparar para um mundo tão caótico.

E agora, quando inicio este que é o meu nono livro, repasso na mente todas as mulheres que fazem ou fizeram parte da minha vida ao longo do meu desenvolvimento como homem, terapeuta, pesquisador e autor. Lembro-me com carinho da primeira paciente que atendi, ainda cursando a Faculdade de Ciências Médicas de Santos. Era uma jovem grávida que sofria de fobia e ansiedade e fora encaminhada a mim por minha terapeuta na época, que seria encarregada da supervisão intensiva para nortear a minha conduta. Enquanto ajudava aquela jovem em seu momento mais essencialmente feminino, eu plantava em mim a semente do que seria o fundamento do trabalho terapêutico que desenvolvo desde então.

Por essa razão, emociono-me toda vez que ouço a canção "Força estranha", pois me identifico com o compositor (e poeta) Caetano Veloso quando ele nos diz em certo trecho:

... Eu vi a mulher preparando outra pessoa
O tempo parou pra eu olhar para aquela barriga...

Atuo há mais de trinta anos como psiquiatra e psicoterapeuta e nesse período especializei-me na relação de gêneros, sendo palestrante e autor de vários livros com temas ligados ao novo homem e à nova mulher. Nos últimos anos, desenvolvi diversos trabalhos como membro da International Association of Group Phsychotherapy and Group Processes (IAGP). E ainda coordeno o Gender Group® do Serviço de Psicoterapia do Instituto de Psiquiatria do Hospital das Clínicas da Faculdade de Medicina da Universidade de São Paulo. Lá realizo estudos e pesquisas, coordenando e orientando psicoterapias que, individualmente ou em grupos, trabalham questões emocionais de homens e mulheres, mesmo na fase de amadurecimento. Realizo também palestras, cursos e *workshops* nas mais variadas instituições, no Brasil e no exterior, sobre o redimensionamento dos relacionamentos da vida em família, com os amigos e no mundo profissional.

Toda essa experiência me fez ver que, muitas vezes, ao falar de mulheres – para discutir sobre quando é que uma mulher poderosa conquista algo, tomando posse de tudo o que construiu e obteve, sempre sonhando com mais – convém também falar de música. O objetivo deste livro é compartilhar com os leitores meus registros de uma audição muito especial: a música feminina, uma partitura ora delicadamente trabalhada, ora fortemente vigorosa, em pautas repletas de harmonia, ritmo, criação e interpretação.

Recorro ao universo musical que me é tão próximo e a todo conhecimento que adquiri ao longo da carreira para desenhar cenas emocionais que poderão servir como caminho para você identificar seus conflitos mais íntimos, entender seus relacionamentos, responder às suas dúvidas, trabalhar seus medos, desejos e, sobretudo, ajudar mulheres e homens, individualmente ou em conjunto, a fazer planos que possam compor seu caminho rumo a conquistas cada vez mais importantes, sem abrir mão do sentimento de orgulho por tudo o que já foi conquistado.

CAPÍTULO 1

MULHERES NÃO SE DÃO CONTA DE SEU PODER

—⇒◆⇐—

Enquanto pensava sobre os assuntos que trataria neste livro, uma paciente de quem gosto muito me ligou. Lembro que, na época que a atendia, me preocupava com o volume de responsabilidades que ela tinha na vida e com o modo como seu pensamento a podia trair, deixando-a perdida a ponto de se angustiar muito. Ela me conta: "Preciso falar com você. Está difícil aguentar a dor que sinto no peito. É uma dor física. Aquela dor da angústia de que falamos durante as nossas sessões".

Um amor rompido a atingia, provocando o desânimo tão grande. No processo, ela buscava relembrar a cena dos últimos momentos daquela sessão em que eu lhe falava do meu carinho, da admiração que sentia por sua coragem e da reconfirmação de suas conquistas na vida, e que eram os únicos confortos capazes de ajudá-la a suportar sua tristeza.

Numa situação tão grave como essa, sabe qual caminho sigo para poder ajudar? Utilizo o único instrumento disponível naquela situação: a busca da tranquilidade, da serenidade que a paciente pode alcançar. Aos poucos, ela mesma vai resgatando outras ferramentas que sabemos que possui. Retomo as suas conquistas fazendo com que a paciente se relembre delas. Correlaciono suas vitórias com músicos que tocam em importantes apresentações. Sem seu instrumento, um músico não é nada. Com seu instrumento em mãos, ele poderá tocar sozinho, mesmo com as limitações que essa posição única impõe. Mas, quando esse músico se reúne com outros colegas, cada qual tocando a sua parte e o seu instrumento, juntos poderão realizar uma grande apresentação. Eu queria ajudá-la a resgatar o que já tinha dentro de si, como esse músico fez, mesmo que aos poucos, um instrumento por vez.

Naquele momento, meu recurso foi estimulá-la a recompor uma cena, cena essa que permitiu um resgate de sua autoconfiança e a esperança de que tudo iria melhorar. Nessa mobilização de emoções, mesmo que por meio do telefone, ajudei-a a ouvir algo, algum som, como se escutasse a natureza, o vento ou a própria respiração. E assegurei que, com o tempo, ela iria ouvir outros sons que estão dentro de si, em seu íntimo, e que advêm de seu potencial como mulher, realizações aliadas à sensibilidade de descobrir novas maneiras de entender a vida.

Agora, existe também aquela mulher mais atrapalhada que, ao passar por uma dor tão intensa, como a que acabo de relatar, acha isso tudo trivial e comum. Ela se atropela ao não se permitir refletir sobre as emoções conforme elas vão surgindo. Já foi dispensada várias vezes por namorados e terapeutas, não sabe para quem ligar numa hora dessas nem tem com quem comentar esse assunto. A atrapalhada em geral é ansiosa e muitas vezes, com isso, acaba boicotando suas próprias possibilidades tanto no trabalho como na vida amorosa. Quando a escuto, penso:

Mas pra que ela foi perguntar para ele... de novo... se ele não queria mesmo voltar a vê-la? Indagar outra vez se ele não pretendia continuar o namoro? Ele disse que os dois ainda iam se encontrar e conversar sobre isso. Se tivesse calma, ela poderia encontrá-lo ainda mais vezes, com novas oportunidades para papear e até ficarem juntos. Por que ela tinha que forçá-lo a se comprometer com o que ele disse em seu último encontro? Ele até estava dizendo que iriam conversar mais vezes sobre isso...

Uma das coisas que as mulheres mais desejam saber é o que os homens pensam, falam, sentem. Muito do comportamento masculino elas não entendem, por isso têm uma série de perguntas – e adorariam saber as respostas. O problema é que nunca terão isso por completo, simplesmente porque eles são homens e a forma como raciocinam e agem é diferente. Não há forma de comparação. Melhor seria se as mulheres voltassem toda essa gama de curiosidade e indagações para si mesmas. Se fizessem isso, certamente descobririam coisas incríveis a seu respeito.

Na carreira, voltei meu trabalho e toda minha energia para ajudar as pessoas a estruturar sua identidade. Com as mulheres, busco fazê-las acessar sua identidade feminina para que esta seja a base de seu crescimento.

Essa é a tônica de um *workshop* que costumo ministrar para plateias femininas e masculinas juntamente com a minha equipe do Instituto de Psiquiatria do Hospital das Clínicas. Ele se inicia com um exercício de aquecimento para o trabalho psicodramático que visa o resgate e a confirmação da identidade feminina que construíram como mulheres do século XXI.

O tema geral é a mulher e o homem contemporâneos. O *workshop* dura um dia inteiro, tempo suficiente para todos os participantes poderem perceber melhor e avaliar como está a vida até então, compartilhando entre si seus problemas e achados. Nos grupos de mulheres, logo no início, peço que todas se imaginem escrevendo capítulos de suas histórias de vida até então, buscando dentro de si a memória de tudo o que já vivenciaram, seus maiores desafios e conquistas. Em geral, a maioria se assusta: "Escrever um livro, doutor? Como? Eu não tenho condições de escrever". Então, sempre respondo: "Fique tranquila, você é mais que isso".

Estimuladas, todas começam a lançar um olhar mais brando sobre seu histórico de vida e a selecionar passagens e experiências que foram mais marcantes. Meu objetivo é que se imaginem escrevendo capítulos de suas vidas até então. Passado o dia inteiro, após várias etapas só entre mulheres e, depois, com os homens, proponho como exercício que apontem, dentro desse cenário, o que pode ser modificado e transformado. E, por fim, peço que imaginem como serão os dois próximos capítulos do livro sobre sua vida. E é incrível o resultado que alcançamos ao final de cada *workshop* desses. Todos vislumbram e, de certa forma, comprometem-se consigo mesmos a trilhar novos caminhos utilizando os instrumentos psicológicos que aprenderam a manejar.

Por isso eu proponho que façamos juntos, aqui neste livro, esse mesmo exercício, que na verdade é um treino de poder, pois envolve reciclar, redimensionar e, sobretudo, transformar. Reciclar é dar um novo ciclo, uma volta. Redimensionar é recolocar os fatos em novas medidas e posições. E, finalmente, transformar é pegar o que já está formatado e movimentá-lo para que adquira uma nova forma. Se esses três verbos forem conjugados da forma certa, você estará criando um novo rumo para sua vida, para a construção de uma nova história. O resultado sob o ponto de vista da conquista, acredite, é impressionante!

O poder de transformar

Mudar o passado é impossível. O que passou passou e não há como passar uma borracha por cima. O que pode mudar é o jeito como olhamos para trás, como analisamos o que fizemos ou as situações que vivenciamos. Quanto mais brando for esse olhar, mais ele nos mostrará coisas boas que deixamos de dar importância na época. E melhor, com um olhar suave e amoroso essa retrospectiva pode eliminar lembranças negativas de experiências do passado que carregamos vida afora como um fardo inútil que em nada nos acrescenta. Tudo sempre tem um lado bom, acredite.

Viver significa passar por experiências boas e ruins, alegres e tristes, a diferença está em como as registramos na memória, o que pretendemos guardar delas. Uma mesma passagem vivida por um grupo de amigos pode suscitar diferentes recordações. Tempos depois, parte desse grupo lembra-se desse fato como algo bom e divertido, enquanto outros guardam na lembrança apenas as coisas negativas. Irmãos podem descrever seus pais de uma maneira tão discrepante, tão influenciados por mágoas ou pela gratidão, que parecem ter pais ou mães diferentes.

Todavia há situações tristes das quais não conseguimos fugir, e sobreviver a elas é questão de amadurecimento. A perda de um ente querido, uma demissão, uma traição ou um desrespeito sofrido, por exemplo, são situações que entristecem mesmo, não há como escapar desse estado desolado que, felizmente, um dia passa, como tudo na vida. Lembro-me sempre daquele velho ditado: "Não há bem que sempre dure nem mal que não se acabe".

E é impressionante como esse exercício de balanço de vida proposto pelo *workshop* é capaz de mudar a cadeia de lembranças e o destino dessas mulheres. Aquelas que estão vivendo uma situação parecida com o luto, que perderam a motivação na vida, que se sentem imobilizadas, sem energia, opacas e sem brilho, encontram na sensibilidade e na delicadeza – os seus atributos naturais – o poder de identificar o que não está bom e partir para mudá-lo. Mesmo quando elas se enxergam como se fossem figuras borradas numa grande pintura, porque há muito perderam o foco na vida, sentindo-se extraviadas de si mesmas, ao mudar o alvo das lembranças, elas começam a parar de sentir pena da própria vida e partem para a ação. E constatam que, se não é possível transformar o que passou, é possível mudar a forma de olhar esse passado, pinçar dele os elementos capazes de construir novos capítulos que as conduzam a caminhos bem mais prazerosos na criação de um novo futuro e uma nova forma de viver.

E as que desfrutam de uma vida mais rica, ao fim do exercício também conseguem, leves, identificar e contabilizar mais facilmente suas conquistas, saindo dele ainda mais poderosas em acessar seu potencial de sensibilidade para reforçar as melhores qualidades em todas as esferas, do amor ao trabalho, passando pela família e pelo grupo social, transformando em música tudo o que tocam.

O que é conquistar?

Antes de fazer esse balanço para a sua autobiografia, você já se perguntou o que significa o verbo *conquistar*? Pois bem, eu me fiz essa pergunta assim que comecei a elaborar, ainda mentalmente, este livro. Nessas horas, gosto de consultar o dicionário para expandir a mente. Mas quando o abri, tomei um susto. O verbo *conquistar* é um dos verbetes mais extensos, com diversos significados. Desde "apossar-se" ou "dominar pelas armas", "submeter", "subjugar", "tomar" até "alcançar (algo)", "conseguir (determinada coisa)", "dominar, sobrepujando obstáculos ou oposição", incluindo, num sentido mais figurado, "suscitar", "provocar (ódios ou simpatias)", "atrair", "cativar", "triunfar" e seduzir", entre outros. Então, conhecer o que significa "conquistar" já é uma conquista. E conquistar implica a possibilidade de exercer um conjunto de ações.

Assim, embora cada mulher seja um universo em si, posso afirmar, sem medo de errar, que todas são conquistadoras. Partindo de uma visão mais ampla, é possível dizer que algumas conquistam pela sensualidade, outras pela inteligência, umas pelo amor, outras pelo conjunto de habilidades. E elas não são excludentes. Mas somente quando a mulher aprende a unir estes dois elementos – o feminino e a razão – ela se torna uma conquistadora poderosa e segura de si o suficiente para complementar todos os que têm o privilégio de desfrutar de sua companhia, seja na vida pessoal, em família ou no trabalho.

Agora, apenas para sua reflexão: nem todas que têm poder conquistam, mas todas que conquistam têm poder.

Os tipos de mulher conquistadora

Quando se menciona o adjetivo "conquistadora", automaticamente cada mulher já encontra, ou pelo menos busca localizar, onde se encaixa para associar as situações em que se sente assim. Continuando na linha das definições, ao observar o mundo feminino de forma mais ampla, é possível também apontar alguns tipos de mulher conquistadora:

a predadora – aquela bárbara, que caça e aniquila o homem ou os adversários (no trabalho, na vida social ou familiar) sem preocupação de respeito ao outro;

a desistente – aquela que nunca se acha merecedora, não enfrenta os grandes obstáculos, tem horizonte curto e se contenta com o pouco que consegue;

a inclusiva – aquela que sempre tem objetivos mais nobres, está em constante processo de transformação pessoal e do mundo que a rodeia, é fertilizadora em tudo o que almeja e quer, distribuindo e deixando um rastro de campos semeados por onde quer que circule;

a insaciável – para esta, nada nunca está bom nem é suficiente; não vive o prazer do que já conseguiu e já está ligada no que ainda virá;

a heroína – a que quer a glória da mártir, que se mata ou se matou para chegar onde está, que deseja ser elogiada e admirada o tempo todo por tudo que faz.

Claro que toda mulher quer fazer parte do terceiro (e aplaudido) grupo. Mas para alcançá-lo, é preciso refletir constantemente sobre sua forma de atuar, e sempre do ponto de vista de sua sensibilidade, para que seja possível promover correções de rota ou de acordes sempre que necessário. Caso não faça isso, ela corre o risco de ficar anestesiada, impenetrável e distante de sua essência e de si mesma. Como um músico que toca ou canta uma canção, mas não a interpreta.

Outro risco que as mulheres correm quando optam por conquistar terrenos a qualquer custo é ir perdendo o namorado ou o marido pelo caminho, distanciando-se da família, dos amigos sinceros, desenvolvendo doenças, aproximando-se de pessoas perversas. E só mais adiante, quando pararem para fazer um balanço de suas vidas, é que vão constatar que tudo o que conseguiram foram terras inóspitas, vazias e de pouco valor, que a elas nada acrescentaram. É comum acontecer isso quando há o descolamento entre o feminino e os diversos papéis que a mulher exerce na vida: o de profissional, mãe, esposa, filha, irmã, chefe etc., e ela se perde de si mesma no percurso.

Perdi o que conquistei

Há quatro meses, perdi meu marido, vítima de morte súbita, companheiro de quatro décadas e meia de casamento. Tudo que faço é uma grande luta para não entrar em depressão. Sou da área da educação, e meses atrás havia optado pela aposentadoria. Estou retornando à vida profissional como consultora, mas não encontro gosto na vida. Tenho me ocupado muito, mas, quando entro em casa e fico só, a solidão invade tudo, e o pior é que ela é real e dói. Tenho dois filhos casados, cada um com um casal de filhos, todos os netinhos são pequenos e lindos. Um vive em São Paulo; o outro, no Rio. Tenho recebido muito o apoio deles, mas eles trabalham muito, são bastante ocupados, além de terem sua própria vida em família. Sempre fui muito independente, e o que me apavora é a situação atual de ter de reconstruir uma nova vida aos 64 anos, quando muita coisa que conseguimos no passado jamais retornará.
    H., 64 anos

O trecho acima é de uma carta que recebi de uma senhora em pleno período de luto. E o que respondi a ela serve para qualquer mulher que esteja passando por uma situação parecida:

Entrar em casa percebendo-a vazia é como entrar em si próprio e não encontrar quem te preenchia afetivamente, o seu companheiro de vida. Mas, como falou, você também tem relações afetivas muito importantes, como seus filhos e netos. E com certeza também existem outras pessoas que fazem, e outras que fizeram, parte da sua vida.
    Nestes primeiros momentos, a visualização de todas essas pessoas, as mais próximas e as mais distantes, pode estar dificultada pela tristeza que invade todos os cantos de sua alma.
    Mas, acredite, aos poucos sua memória afetiva irá se iluminar e você encontrará novas possibilidades de utilizar o que você tanto aprendeu e ensinou na vida.

Muitas vezes encontramos uma maneira de viver que nos completa e, quando prescindimos dela, não sabemos mais como seguir vivendo. Relações afetivas importantes preenchem todos os espaços de carência emocional e criam uma rotina que se estabelece, dando um sentido para nossa vida. Retomar de outra maneira a sua vida profissional já é uma grande descoberta de seu potencial. Olhar para frente e verificar o que ainda pode fazer, aprender e ensinar são atitudes relacionadas com a vida e principalmente com a recriação dela.

Você sabia que, quando se poda uma árvore de uma maneira bem importante, leva um tempo para haver alguma resposta? Porém, quando surgem novos brotos, ocorre o que chamamos de "renova". Com o tempo, ao retomar seus caminhos, suas habilidades e usar o seu potencial como mulher, você descobrirá outro jeito de viver, igualmente rico e nutridor de sua alma feminina. São os novos brotos de sua plantação interna desabrochando.

As conquistas femininas e o tempo

Toda forma de arte é um reflexo de sua época. A música, por exemplo, é sempre um espelho do período em que é composta. Se pensamos nisso, torna-se mais fácil compreendê-la quando entendemos o contexto em que foi concebida. E, assim como a música, a mulher e suas conquistas também refletem seu tempo e seu lugar. Em cada período da história, a mulher foi se deparando com diferentes cenários e costumes, precisando encarar variados desafios não apenas para conseguir sobreviver como também para gerar e sobressair-se de alguma maneira.

A música ao longo da história sempre foi afetada por regras sociais e políticas que regulavam sua forma e, por conseguinte, sua expressão. É sabido que, séculos atrás, os compositores tinham de produzir repertórios para agradar ao rei, à corte e até ao clero. Essa era a condição para conseguirem se alimentar e sobreviver. Historicamente a mulher também sempre precisou obedecer e se adequar às regras vigentes para ser aceita e amada. Hoje, o Estado e a Igreja não interferem tão peremptoriamente sobre a produção artística, nem sobre a mulher, que há décadas tem os mesmos direitos que o homem (pelo menos na Constituição).

Tanto a mulher quanto os músicos estão à mercê da religião do consumismo. Músicas são criadas para vender e atingir públicos específicos e numerosos de uma maneira mais livre e criativa.

A mulher que conquista seus espaços como se os estivesse consumindo não deixa aparecer seus desejos individuais mais espontâneos para poder libertar sua arte de compositora.

A cozinha dos segredos

Na relação entre o homem e a mulher, muitas vezes, é ele quem aparece e brilha. Mas é ela, discreta ou na retaguarda, que o ajuda a manter-se no topo. Fazendo um paralelo com a culinária, a preparação de um prato também exige vários passos que adicionem ingredientes e temperos capazes de ressaltar e valorizar sabores.

Assim como na culinária, a mulher também tem a sua cozinha, o que faz a composição que emana dela e rege sua vida ter notas com mais cor, brilho e expressão. Costumo chamá-la de "a cozinha dos segredos". É dessa cozinha muito pessoal que sai a nutrição da festa-baile da vida de uma mulher, porque os elementos únicos e que a definem é que traduzirão para os demais como ela se sente, pensa, faz, planeja, compõe.

Por falar nisso, como está seu sabor? Que tempero tem sua voz?
Você recebe os outros com um jantar ou com um jogo de facas?
Seus relacionamentos baseiam-se em quais medidas (ou valores)?

Continuando a analogia com a gastronomia, toda cozinheira precisa ser generosa e "ouvir" todos os ingredientes, de forma que possa integrá-los, colaborando para o sabor que, juntos, produzem. O mesmo se dá com a mulher. Quanto mais generosa ela for na vida, quanto mais ela ouvir os demais (o marido, os filhos, o chefe, os subordinados, os colegas de trabalho, amigos, parentes, vizinhos etc.), mais ela estará em harmonia com o universo que a cerca e mais poderá expressar, com suavidade, suas queixas e reivindicações, e mais bem será escutada, com maiores chances de ser atendida. Afinal, não somos seres isolados, vivemos em comunidade, por isso não é possível que nos imaginemos sempre como solistas.

Mas, atenção, "ouvir" não é obedecer, ceder, atender, e sim integrar, aprender, refletir. Quando a mulher tem sensibilidade suficiente para perceber o contexto, o ambiente, ela saberá o exato momento de entrar ou sair, de falar mais alto ou se calar, saberá quando é hora de introduzir a sua execução ou ficar só de fundo, fazendo o "tapete". Por isso é preciso sempre exercitar o dom dessa escuta e fornecer o maior número possível de *feedbacks* para que o outro melhore também a sua percepção.

No âmbito específico do casal, antes a mulher ficava em casa, e o homem ao voltar do trabalho lhe relatava os problemas que teve durante o dia. Ela era apenas uma ouvinte atenta, podendo ou não dar alguns palpites que, muitas vezes, o ajudavam. Isso reforçava seu papel de receptora, confirmando o papel de provedor assumido pelo homem.

Hoje a mulher foi para o mercado de trabalho, e à noite, quando se encontra com o marido (ou o namorado), ela também quer falar de seus problemas profissionais ou sobre o que aprendeu no dia, porém muitas vezes não é ouvida. Em alguns casos, mesmo sendo ouvida pelo companheiro, ela pode não se sentir valorizada. A razão disso pode estar na distração ou no egoísmo dele, que acaba dando mais atenção ao futebol ou à internet com amigos, ou simplesmente no fato de que ele também está exausto pelo dia estafante de trabalho e, tal como ela, precisa apenas ficar quieto, relaxar e dormir.

Ouvir mais do que falar

Desde pequenas, as mulheres são estimuladas a expressar seus sentimentos, a serem mais transparentes. Então elas são insistentes, repetitivas, falam mais, comunicam-se mais, dão todas as dicas. Já o homem é mais quieto, não sabe falar de si, nem de sentimentos, não dá nenhuma dica, ele se esconde, expressa-se muito mais por ações do que por palavras. Tudo o que ele pensa, avalia, sente e deseja fica guardado dentro dele para ser decifrado. Então, na falta de mais dados, a mulher tende a achar que ele funciona do mesmo jeito que ela. Ou seja, ela olha as questões e dilemas do homem sempre a partir de seu próprio ponto de vista. E isso nunca dá certo.

Mesmo com as grandes transformações ocorridas na sociedade em função do advento feminista e do movimento "masculista" (termo que cunhei em meus livros anteriores para me referir ao refortalecimento do masculino perdido em algum ponto da história), que venho estudando há muitos anos, as essências de ambos relacionadas ao feminino e ao masculino ainda interferem bastante em seu modo de agir e se comunicar. Mulheres falam mais, homens ficam mais quietos, são lacônicos. Eles falam pouco e não repetem. Eles tendem a terminar as conversas, ao passo que elas estão sempre iniciando novas e lutando para mantê-las.

Essa diferença é geral e comprovada cientificamente. Existem vários estudos como os realizados no hospital de Harvard que observam como meninos e meninas são educados. Na educação delas, são usadas palavras de amor, carinho, afeto, e isso explica por que desde cedo elas aprendem a modular a voz e a se expressar com o corpo, com o toque. Já os meninos são educados com palavras de agressão, de luta, de poder e de raiva. Agressão, aliás, é uma palavra-chave, com todos os seus sinônimos. Se analisarmos essa diferença que já se estabelece desde a infância, vemos porque é mais fácil para a mulher mostrar que tem medo, dúvida ou se sente insegura. É como se a sociedade a autorizasse a expressar esses sentimentos. Subjacente a isso vem o estímulo para que ela sinta, perceba, entenda. É como se ela tivesse sido treinada a vida toda para isso. E essa é a essência feminina.

E o homem precisa sempre de confirmação, necessita ser escutado e valorizado, é assim que ele sente-se reforçado em seu papel masculino. Só que a mulher mais ativa, poderosa e conquistadora muitas vezes não tem tempo ou espaço emocional para isso. Ela está imersa numa série de tarefas, de compromissos, de exigências, que muitas vezes a sobrecarrega de solicitações, e por isso a mulher deixa de escutar o homem. Quando isso acontece, a tendência dele é se fechar e reprimir o que teria para compartilhar de seu dia a dia. Ele não reclama, mas se afasta emocionalmente.

O feminino: poder e identidade

Mulher detesta ser estatística, ser tratada pelo geral. Ela interpreta a si própria e quer ser única. Ouvi de uma paciente certa vez: "Eu não sou as mulheres. Eu sou eu, única, eu sou assim. E não sei o que as mulheres querem, eu sei o que eu quero". E ela estava certíssima. No entanto, existe um paradoxo. Ao mesmo tempo que ela quer ser única, ela segue as demais para se sentir incluída.

No entanto, preservar a própria identidade parece ser atualmente uma coisa difícil. Se por um lado as mulheres estão se tornando cada vez menos conservadoras e preconceituosas, por outro estão encontrando mais dificuldades em assumir seu próprio estilo. Elas conseguem perceber que o mundo mudou, aceitam adequar-se a essa maneira diferente da delas de encarar o mundo e se beneficiam de tantas variações. A que opta por trabalhar fora mais do que cuidar da família e da casa tem seus méritos reconhecidos, assim como aquela que resolve dar um tempo e se dedicar inteiramente à vida familiar em detrimento da carreira. Ambas terão suas justificativas para as devidas escolhas, embora suas opções nem sempre resultem em melhor qualidade de vida, ou em prazer imediato. Muitas vezes, será preciso anos antes que consigam colher tudo o que foi semeado.

A que escolhe dar prioridade à carreira, sai do casulo, olha para si própria, enfrenta o mundo, valoriza a aparência, corre em busca de informação e capacitação, elementos fundamentais para sua autoestima, e investe com tudo que diz respeito à profissão. Passa a ser classificada pelo estilo do corte de cabelo, das roupas, dos celulares e da quantidade de viagens que faz a trabalho. De acordo com o meio social em que vive ou ao qual quer ascender, ainda é importante o famoso "o que está sendo usado hoje em dia". Nisso, ela não arrisca e segue vestindo-se e comportando-se como seus pares. Até porque, manter-se muito diferente da grande maioria em seu meio pode ser ameaçador. E se ela perde o *status*?

Isso é tão forte entre nós que um fotógrafo internacionalmente conhecido contratado para registrar a inauguração de um grande *shopping* em São Paulo disse numa entrevista recentemente: "A mulher brasileira não ousa, todas têm a mesma bolsa, o mesmo corte de cabelo, o mesmo jeito de se vestir". Esse olhar de um profissional especializado em observar nos mostra um aspecto bem interessante sobre elas. Ao mesmo tempo que a mulher diz preferir algo que seja especial e único, ela segue um estilo igual ao das demais do grupo. Ou seja, para ser considerada elegante e não se sentir excluída, ela tem dificuldade de experimentar o diferente, evita seguir seus impulsos e continua apenas seguindo padrões que, muitas vezes, podem aprisioná-la.

Choro com muita facilidade. Há uma angústia que vem quando estou muito triste e que não passa. Continuo fazendo minhas coisas, mas não chamo mais ninguém na minha casa, perdi o prazer em receber gente lá. Até andar pelo shopping *e fazer compras, que era o meu prazer, eu parei. Eu adorava me presentear com algumas* roupas, para ter sempre alguma coisa nova para usar. Aliás, passear e escolher roupas para mim e para as minhas filhas era o que eu mais gostava de fazer na vida. Algo mudou e não sei explicar a razão.

B., 41 anos

A mulher conquistadora de hoje também está mais exigente. Ela não se contenta mais com um homem qualquer, seja ele muito pobre intelectualmente, ou afetivamente dependente demais dela, ou pouco ambicioso, pouco preparado para a conquista profissional. Esse tipo de homem já não a satisfaz, é desinteressante. O que ela deseja é um homem capaz de se expressar, ambicioso e com sucesso financeiro. Até a aparência física, antes uma exigência apenas deles, passa a ser um valor procurado por elas, mas claro que sem os exageros da "pavonice" da vaidade masculina. Com a idade avançando, homens descuidados atraem menos as mulheres. Ou seja, esteja em busca de um homem jovem ou mais maduro, ela sempre quer um homem poderoso e conquistador, alguém como ela, ativo, na busca de novos campos vitais.

No entanto, às vezes essa mulher conquistadora é também contraditória. Ao mesmo tempo que deseja que o amado lhe mande flores e seja romântico, ela se irrita quando ele chora ao assistir a um filme ou sente-se deprimido por longos períodos. A raiz dessa contradição está em aspectos machistas que permanecem arraigados dentro dela. A mulher quer se sentir prioridade na vida do homem escolhido, sem que nada possa abalar isso, e se recusa a aceitar que ele também tem direito de ter seus momentos de tristeza, de fragilidade emocional. Afinal, assim como ela, o homem gosta de saber que tem uma mulher forte em sua retaguarda, pronta a colaborar no que for preciso, seja com dinheiro, seja com conselhos em momentos pontuais.

Tenho 36 anos e há quatro anos conheci uma moça na internet. Ela tinha 33 anos, morava numa cidade 130 km distante da minha e

logo viajou para me conhecer. Pouco depois eu conheci sua família, iniciamos um namoro e nos víamos duas vezes ao mês. Mas fui me assustando conforme ia conhecendo-a mais a fundo. Ela morava sozinha, era independente, dona de uma microempresa bem-sucedida, tinha carro e casa própria. Com o tempo, ela foi mostrando que não aceitava minhas opiniões, passou a me tratar mal, comparava-me aos ex-namorados, só ela falava e as brigas começaram. Logo senti que eu não era prioridade na vida dela. O trabalho, as amigas vinham sempre em primeiro lugar, até o cachorro tinha mais atenção dela do que eu. Sentindo-me infeliz, terminei o relacionamento recentemente, mas ela ainda telefona, sempre querendo voltar, como que para me torturar. Fiz bem em terminar esse namoro, doutor?
    E. (consulta de um leitor do site)

    Quando a mulher se divide em várias atividades e ainda mantém muitos relacionamentos afetivos conjuntamente (família, amigos, filhos, namorado etc.), ela pode se perder do cultivo que uma relação amorosa necessita. A vida profissional a seduz, o poder e a conquista confirmam a sua capacidade e oferecem o sucesso em várias dimensões. O encontro com um companheiro fica dificultado pela diversidade de solicitações, ao mesmo tempo que ela vibra com as próprias realizações. Se ela encontra um homem disponível, interessado apenas em passar uma boa parte do tempo juntos, ela pode ter dificuldade em conciliar essa demanda afetiva. Mas isso não significa que não haja um espaço para o amor na sua vida. Tudo é questão de ela aprender a manejar seu tempo e sua energia.
    A sabedoria talvez esteja em a mulher aprender a não deixar que o homem sinta-se atropelado ou desprezado por ela. Quando um casal consegue se comunicar, é bonito ver que os dois desenvolvem a empatia sorrindo, se ouvem, se compreendem e se ajudam mutuamente, pois ambos podem colaborar no desenvolvimento pessoal e profissional de cada um.

A mulher conquistadora é uma ameaça para os homens?

Como tenho razoável conhecimento tanto do homem como da mulher, costumo ser procurado com frequência pela imprensa para entrevistas sobre temas bem distintos. E várias vezes já quiseram que eu afirmasse que o homem tem medo da mulher poderosa. Mas sempre me neguei a fazer isso, simplesmente porque não é verdade. Afirmo apenas, e sem medo de errar, que o homem sente-se atraído por essa mulher, mas não gosta da forma como ela lida com os sentimentos, rejeitando a sua impenetrabilidade. Não é que ele tenha medo, nem que se assuste com a assertividade dela. Ele apenas não quer lidar com esse tipo de mulher bastante especial, que não preenche um requisito importante para ele: a amorosidade.

Quero aprender a lidar com o dono da empresa, pois percebo que ele é muito inseguro e me vê como uma ameaça. Sou mais velha que ele, mais experiente e boa demais no trabalho que desenvolvo e que depende da minha inspiração para concretizar as metas econômicas. Como ele não consegue dominar a minha área, fica inseguro por isso.
    R., 44 anos

Este caso é o exemplo típico de mulher conquistadora, que assume tudo o que conseguiu, mas ainda se incomoda, porque sabe que seu poder ameaça alguns homens. Ela não consegue sossegar, sente-se como se vivesse numa câmara de tortura que coloca em xeque sua capacidade e seu nível de produção. Com isso, ela não se sente reconhecida e fica insegura.
    Uma coisa é saber racionalmente de quanto se é capaz. Outra coisa é vencer todos os elementos psicológicos que levam à insegurança.

Meu namorado é passivo demais, nunca toma iniciativa para nada e isso me aborrece. Sou tão ocupada quanto ele, mas sou eu quem

tem de encontrar tempo e energia para organizar nossos passeios e viagens, caso contrário não fazemos nada, ficamos em casa, sem divertimento. Além do mais, ele diz que está sempre sem dinheiro, e em geral eu é que tenho que arcar com essas despesas. Não acho justo, mas sigo levando o namoro mesmo assim, com medo de ficar sozinha.
V., 34 anos, gerente de banco

O depoimento acima veio de uma moça solteira, jovem e que tem um namorado. Mas isso costuma acontecer também em muitos casamentos, com a mulher fazendo o papel de organizadora do lazer e da vida social do casal, sobretudo se não quiserem se afastar por completo do divertimento e do grupo de amigos. O que parece, à primeira vista, ser uma conquista (dirigir os passeios e viagens do casal), com o tempo se torna um peso, porque muitas vezes os companheiros se recusam a sair de casa. Elas sentem que têm energia de sobra, e eles muitas vezes gastam todo o gás no trabalho, não deixando nada para usufruir a parte boa da vida ao lado delas.

Esse descompasso revela quão diferentes são as necessidades do homem e as da mulher. A impressão que fica nelas é que, até na intimidade, se elas não organizarem um jantar romântico eles nunca terão essa ideia.

Esses dois exemplos são uma pequena amostra de quanto as mulheres de hoje, embora poderosas e felizes por suas conquistas em várias áreas, estão insatisfeitas com diversos fatores que têm raiz na autodesvalorização capaz de minar de forma brutal sua identidade.

Um elemento importante para a mulher se sentir viva é a sua vida amorosa. Há mulheres que a partir de uma visão mais superficial têm tudo que alguém poderia desejar: casa, filhos, uma vida conjugal, uma carreira, beleza e elegância dignas de aplausos e admiração sob todos os pontos de vista: econômico, conjugal, profissional e de imagem pessoal. No entanto, sentem-se em desarmonia com seus anseios mais profundos. Daí advêm os sentimentos de abandono, junto à depressão que pode gerar inadequações e agressões não só com relação aos seus companheiros de vida como também a outras pessoas que convivem com elas. Essa mulher pode ser bastante produtiva ao longo do dia. Extremamente eficiente, conduz reuniões com equipes altamente qualificadas. Levanta questionamentos e cria soluções como ninguém. Contudo, nos breves intervalos de que dispõe na intensa rotina, relembra seus vazios emocionais quando se percebe abandonada pela desatenção daquele a quem dedica o seu amor.

Para aplacar essa dor, ela busca conectar-se com lembranças que gostaria de reviver, como aquela do dia em que recebeu um determinado presente ou do jeito que ele olhou para ela, e segue, profissionalíssima, a sua jornada diária ou semanal.

O duro é quando a mulher se sente vazia por completo, sem nada para preenchê-la afetivamente. Uma hora o trabalho acaba, e então ela se vê sozinha com o que sente tão profundamente. As agressões a si própria e aos outros aparecem. Principalmente aquelas relacionadas à ingestão noturna (ou aos fins de semana) e exagerada de chocolates, álcool ou drogas. Quem está por perto ou apanha ou então sente-se impotente e incapaz de oferecer qualquer momento de felicidade a essa mulher em crise crônica por falta de nutrição emocional.

No entanto, quando a mulher aprende a unir as duas maiores forças que a natureza lhe conferiu – a energia amorosa e a inteligência emocional –, quando não se perde de sua essência e de sua identidade feminina, ela é imbatível.

Os problemas surgem quando a mulher se utiliza de valores masculinos para conquistar. Assim como a imaginação e a interpretação individual do artista caracterizam determinada música ou obra de arte, também a mulher compõe e afina a forma de executar a sua trilha sonora, criando um estilo de vida absolutamente pessoal. Ela institui, utiliza os diversos métodos baseados em suas experiências e reflexões, associa com o que já tem dentro de si como referência, e faz a sua própria concepção. Essa liberdade de compor da mulher revela um desejo de pertinência e uma segurança que indicam o caminho capaz de suprir as necessidades que poderão preencher um vazio muito real. Quando a mulher assume a composição de sua própria trilha, declara seu potencial para explorar o mundo que se apresenta. Essas são, por definição, as melhores armas da mulher conquistadora.

CAPÍTULO 2

MULHERES PRÊMIO NOBEL

A história está aí para provar quão difícil foi para as mulheres terem o direito de mostrar sua própria voz, mas algumas jamais desistiram e, nas últimas décadas, tiveram seus esforços reconhecidos. Três delas, inclusive, dividiram o Prêmio Nobel da Paz de 2011 (e o valor de 1,5 milhão de dólares): duas africanas – a presidente da Libéria, Ellen Johnson Sirleaf, a sua compatriota Leymah Gbowee –, mais a árabe iemenita Tawakul Karman. Seu reconhecimento teve a intenção de destacar o papel das mulheres na resolução dos conflitos.

A africana Sirleaf, de 72 anos, pôs fim a uma guerra civil em seu país e diz que seu compromisso é o da reconciliação. Leymah, de 39 anos, fundou o movimento "Mulheres pela Paz", que uniu muçulmanos e cristãos pelo encerramento da guerra civil naquele país, liderando uma greve do sexo para acelerar o fim do conflito. Já a iemenita Karman, uma jornalista de 32 anos, envolveu-se na luta pela democracia no Oriente Médio e no norte da África, opondo-se ao extremismo islâmico, embora critique a falta de visibilidade e reconhecimento internacional de suas ações se comparadas à divulgação que a Primavera Árabe conquistou no mundo todo.

Assim como elas, em 1979, Madre Teresa de Calcutá também foi agraciada com o Nobel por seu trabalho humanitário em favor dos pobres, chegando a ser beatificada em 2003.

Isso tudo para mostrar que a mulher é capaz de realizar obras notáveis. Seja em casa ou no trabalho, ela cada vez mais quer equilibrar a realização pessoal com suas aspirações. Mas nem sempre tem êxito, e o fracasso pessoal ocorre quando ela não consegue resolver essa equação. Como resultado, ela não se sente satisfeita porque está dispensa nos diferentes papéis que exerce na vida.

Essas mulheres envolvidas com o nobre objetivo da paz e cujos esforços foram reconhecidos pela academia representam a constante evocação da conciliação e da possibilidade de se obter um melhor relacionamento interpessoal característicos de toda mulher. Isso não significa que não existam as briguentas sempre dispostas a provocar desavenças, mas se formos analisar, mesmo que de forma distorcida, elas também estão tentando expressar a forma como as pessoas deveriam se relacionar. O problema é que essas mulheres analisam as questões unicamente levando em conta seu próprio ponto de vista e não aceitam ser questionadas.

Quando realização rima com estresse

Pesquisas sobre aspiração de *status* mostram que, hoje, a mulher adulta com um razoável nível de instrução prioriza o trabalho e a segurança econômica a ter um companheiro ou um marido. Mas o que esses estudos revelam do perfil da mulher atual, suas prioridades e seus dilemas?

Os resultados comprovam que, cada vez mais, a mulher visa conquistar a independência econômica e a segurança que isso pode lhe proporcionar. As pesquisas nos revelam quanto ela está voltada para sentir-se livre de qualquer sinal que possa mostrar dependência financeira do homem e quanto ela deseja *status* e visibilidade social do trabalho que executa. Definitivamente, a mulher de hoje não quer ser vista como um peso morto, dependente do homem econômica e socialmente, o que certamente levaria à dependência emocional também.

Isso mostra que a mulher agora, para sentir-se realizada, precisa valorizar-se pessoalmente. Ela tem a necessidade de realizar o seu Ser e a sua alma feminina, bem além do que casamento e filhos apenas podem proporcionar. Ela tem uma necessidade premente de se confirmar, por isso dedica toda energia para o crescimento profissional e a carreira. Nessa esteira vêm a valorização social e a possibilidade de aquisição de patrimônio (compra da casa própria, por exemplo), capaz de lhe fornecer a segurança e a liberdade de usufruir de sua individualidade.

Noto que valores externos como joias, carro novo, roupas, bolsas e sapatos de grife ficam vários planos abaixo do que significa ter *status* para a mulher de hoje. Será este um sinal de que ela está mais centrada e talvez menos fútil que as de décadas atrás?

Mesmo optando por dedicar-se inteiramente à família, a mulher tem inúmeras possibilidades de sentir-se poderosa e conquistar. Ser o apoio emocional do marido, dos filhos e parentes, ajudar a transmitir os valores familiares, constituir o elemento de agregação da família por si só são tarefas de uma vida inteira. Além do mais, essas atribuições podem alimentá-la para crescer ainda mais como ser humano, sobretudo se ampliado para suas outras atividades.

É muito comum mulheres que, numa determinada fase, são eminentemente donas de casa e cuidadoras de filhos e, com o passar do tempo, adquirirem um perfil múltiplo que lhes facilita administrar várias funções fora do lar. E, de repente, elas se vêm podendo usar tudo que aprenderam na solução de problemas, seja voltando ao mercado profissional, seja resolvendo questões econômicas ou emocionais da família ou amigos com muito êxito e, por vezes, ocupando o poder decisório de diversos assuntos. Por esse motivo a "experiência" é valorizadíssima no mercado, pois só ela pode gerar a serenidade tão necessária.

Bem diferente de N. que, aos 20 e poucos anos, descobriu que o marido tinha sorologia positiva para HIV. Foi a maior decepção. Sofria com o medo de ser contaminada, já que ficou sabendo que a primeira esposa dele tinha sido. Achou melhor terminar o casamento e foi cuidar dos filhos e de suas coisas. Como administradora dos bens da família, sempre cuidou das fazendas, coordenando também a produção de uma fábrica bem-sucedida.

Hoje, com 40 e poucos anos, cuida do pai que, depois de um enfarte e um derrame cerebral, inspira cuidados constantes. Sua mãe, com diagnóstico de leucemia, um marca-passo no coração e "ausências" transitórias, é aposentada, mas, sem nenhum preparo para a velhice, não aceita suas doenças. Com tantas atribuições, N. não sabe onde está "a mulher" que vive dentro dela. Tímida, preocupada com as dúvidas profissionais e afetivas dos filhos e tantas responsabilidades, ela se pergunta constantemente aonde vai chegar com a vida que leva.

Quando a mulher encontra o sentido da sua vida, mesmo com tantos percalços, ela percebe o quanto aprendeu com tudo que passou e superou. Não é fácil sentir-se enganada, nem ver seu castelo ruir com sérias e difíceis constatações. Precisa revelar a todo o momento uma mulher que se recria e constrói um novo caminho. Mesmo com características pessoais de uma pessoa mais retraída, deve se descobrir e ao mesmo tempo aprender conciliando diversas funções e papéis. Traça um percurso consistente e de autorrealização movida ao descobrir o poder que tem.

Aspirações e dilemas

A mulher poderosa se torna uma conquistadora quando tem a capacidade de sonhar alto, sem medo de voltar seu olhar para longe, num horizonte quase sem limites. Ela é ambiciosa, devotada e não mede esforços para alcançar o que deseja. No entanto, nesse processo é muito comum que ela, com o passar do tempo, transforme-se numa *workaholic*, termo inglês já assimilado em nossa língua corrente que serve para designar as pessoas viciadas em trabalho, os tais trabalhadores compulsivos.

Quando ela dá o justo peso ao trabalho e é reconhecida e valorizada por ele, tem ganhos em todos os sentidos para a imagem pessoal e, consequentemente, para a carreira. Mas quando ela se transforma numa *workaholic*, extrapolando os limites entre a vida pessoal e o trabalho, e dedicando ao ofício toda a sua energia, ela vai aos poucos deixando de cuidar de seus outros papéis na sociedade e, principalmente, de si própria e de seus cuidados pessoais.

Aos poucos, o trabalho vai se tornando um vício descontrolado, como que uma adrenalina de que ela não consegue abrir mão, e o seu principal foco. Ela passa então a precisar do trabalho para sentir-se com algum valor, tornando-se incapaz de obter satisfação plena em qualquer outra atividade e impossibilitada de manter um relacionamento. Não precisa mais voltar para casa cedo, isola-se dos amigos e da família, fins de semana e feriados servem para colocar mais trabalhos em dia.

É comum que esse comportamento também esteja a serviço da timidez, que fica diluída no desempenho profissional. A timidez na mulher pode ser resultado de uma série de episódios e marcas de críticas ou abusos emocionais que já sofreu. Vai se imiscuindo em sua maneira de ser, se misturando em tal nível que passa a moldá-la na relação com o mundo.

A mulher *workaholic* apresenta dependência psíquica que se amplia para física quando invade seus hábitos, alterando todo o seu funcionamento corporal. E então ela começa a somatizar seus conflitos interiores e passa a apresentar quadros clínicos como insônia, gastrite, distúrbios alimentares, enxaqueca, constipação intestinal (o tal do intestino preso), problemas de pele (alergias, dermatites), de coluna, musculares (tendinites e inflamações) e até distúrbios menstruais.

E o motivo disso tudo é o estresse. Ele é o fenômeno que ocorre quando o organismo, ao se deparar com uma situação de perigo, medo ou ameaça, libera uma substância vasoativa que prepara a pessoa para agir. No passado, os indivíduos lidavam com isso somente quando se viam diante de uma fera, um abismo, uma situação de guerra etc. Hoje são frequentes as situações em que uma pessoa precisa estar ativa e com os sentidos a mil para agir imediatamente, sobretudo se vive em grandes cidades ou trabalha com atividades muito intensas que exigem ações e respostas rápidas. É bem o que representa aquela expressão "matar um leão por dia".

Agora, imagine o estrago físico e psíquico que sofre uma mulher quando é diariamente submetida a isso! São os problemas com o relacionamento, com o dinheiro, a pressão dos horários, das metas e dos compromissos. Essas substâncias então vão sendo liberadas no organismo com mais frequência do que o ideal, o coração fica sobrecarregado por precisar bater mais forte, a pressão arterial sobe, e as doenças vão se instalando no organismo. O estresse ainda leva à diminuição da capacidade intelectual, da atenção e da concentração, e a pessoa passa a funcionar apenas com uma parte de suas potencialidades, inclusive apresentando rotineiramente problemas de memória.

B. ainda não fez 30, mas já está casada há muitos anos. Ela e o marido tiveram logo o primeiro filho, o que a impediu de seguir uma carreira que já ia bem como coordenadora de implantação de lojas de uma empresa em expansão no país. Abdicou da profissão, pois tinha a compensação de realizar um sonho, além da boa condição financeira do marido, que lhe dava mais tranquilidade. Porém, quando chegou à segunda gravidez, eles passaram a ter muitas brigas, inclusive para ele parar de fumar. Atendi o casal. Ele não tinha queixas da esposa, a não ser que ela era mandona, mas já conhecia o seu gênio desde antes do casamento. Agora ela, insatisfeita de estar morando em um bairro muito distante de onde foi criada e onde residia a sua família, queixava-se de ele não lhe dar a atenção que queria.

"Sempre achei que ele não demonstra o que sente", repetia sempre. Via-se decepcionada com as pessoas, com a sogra, com a mãe, enfim, não enxergava saída do estado de depressão em que se encontrava e não queria mais tomar remédios que controlassem isso, pois eles a engordavam e afetavam sua libido. Ou seja, vivia em constante estado de estresse, mesmo podendo se dedicar somente aos filhos e à família.

B., 29 anos, gerente comercial

Relacionamentos problemáticos são uma grande causa de estresse, porque muitas vezes sequestram a pessoa para ambientes emocionais em que só cabem a insegurança, o medo e os sentimentos de menor valia. Precisar conviver com pessoas que nos incomodam ou nos atacam direta ou indiretamente nos torna reféns de algo de que não conseguimos nos libertar, e isso é angustiante. Pior ainda quando isso acontece no relacionamento amoroso. Ninguém merece se sentir refém de quem ama e, supostamente, deveria protegê-lo.

L. sempre quis fazer Odontologia. Quem sabe por seu jeito agitado, não teve paciência para estudar tudo aquilo e acabou ingressando em Ciências Biomédicas. Sempre foi irritada, com o "saco cheio", sem ambição, trabalhava bem no operacional, mas não em funções analíticas. Arrogante com os colegas, dizia que tinha herdado o lado "crânio e irreverente" do pai e o "batalhadora e cuidadosa" da mãe. No entanto, sempre vista como "a revoltada" e mal-humorada, era considerada desinteressante pelas pessoas que sempre a excluíam, o que deixava o marido em sérias dificuldades sociais.

Quando me procurou por indicação de seu médico, tinha um quadro de arritmia cardíaca resistente à medicação. Não conseguia mais comer, perdia a fome com facilidade, tinha dificuldades em engolir, e todo esse quadro preocupava o clínico da família que a conhecia havia tempos. Seu casamento tinha altos e baixos, mas ela não conseguia se decidir se investia mais na relação ou não.

Com o avanço da mulher no mercado de trabalho, cada dia mais elas ocupam todos os espaços possíveis. Talvez devido a isso, estamos chegando a uma situação em que os riscos cardíacos igualaram-se entre homens e mulheres. E os médicos avisam: uma entre cada três delas vai morrer do coração. Nós, médicos, sabemos que distúrbios alimentares pululam dentro e fora dos consultórios médicos. Com a constante e crescente necessidade da mulher de driblar as dificuldades cotidianas da família que depende dela, em muitos momentos ela é surpreendida pela necessidade de se proteger e, ao mesmo tempo, preparar-se para uma nova maneira de lidar com a vida estressante que leva.

A culpa pelo sucesso

Muitas mulheres se culpam pelo sucesso que conseguiram com seu esforço. E vivem se desculpando perante os colegas, os chefes, os filhos, o marido, a família, os amigos. Elas não querem ser reconhecidas pelo que conquistaram, não tomam posse do que é seu de direito nem aceitam usufruir do *status* que atingiram e vivem em permanente estado de estresse.

Podem ser vistas como mimadas, que gostam de ser cuidadas e paparicadas, e podem ser choronas ou até muito bravas e arredias. Algumas chegam a desistir de projetos bem interessantes que vinham realizando e que estavam dando certo, simplesmente por medo de um imponderável insucesso no futuro. Por outro lado, algumas chegam até a dizer que, quanto pior estão emocionalmente, melhor a produtividade no trabalho.

Dizem que quem gosta de competir é o homem. E eu até concordo, pois isso é parte da personalidade deles, assim foram criados. Já a mulher não tem medo de competir. O que ocorre é que simplesmente ela não precisa disso o tempo todo em sua vida para se completar. A competição pode aparecer como um fator determinante de sua carreira em algum momento pontual, ou quando precisar abrir mão dela para obter algo ou alguém que deseja. Esse episódio em particular fará parte de um processo que exigiu, naquele momento, uma questão de responsabilidade maior ou de busca de estabilidade. Quando se vê precisando competir por algo ou por alguém, ela também lançará mão de todas as estratégias possíveis para vencer o adversário. Se precisar competir com outra mulher na conquista de um mesmo homem, ela o fará, no entanto sem precisar nocautear a outra competidora, pois tudo o que quer é somente usufruir o que deseja.

No ambiente profissional, o que as mulheres mais desejam é o reconhecimento de que são capazes. Muitas vezes elas podem se assemelhar aos homens quando competem por maior ganho econômico, mas o que mais desejam no íntimo é sentirem que são valorizadas. Quando o assunto é o amor, elas tendem a utilizar a paciência e a tolerância até conseguirem uma brecha para agir. Como conhecem os meandros dos afetos, elas instintivamente sempre sabem esperar a hora de dar o bote.

Mulheres que estão na carreira há algum tempo já podem experimentar a segurança de sua capacidade profissional ao verificar "de onde vieram e aonde chegaram". Algumas até predestinadas a dar certo, esforçadas, certinhas, mostram em seus currículos que nunca perderam as chances que apareceram e, por isso, desfrutam de posições invejáveis. Por outro lado, seus médicos clínicos que o digam: as queixas com seus quadros físicos e emocionais são tão frequentes que eles não vêm outra saída a não ser encaminhá-las ao psiquiatra ou psicoterapeuta para um acompanhamento.

Viver tempo demais nessas condições emocionais pode levar a problemas orgânicos bastante sérios. Existem, inclusive, vários estudos sobre a diminuição da fertilidade e da falta de prazer sexual das mulheres, ambos totalmente vinculados ao estresse profissional.

Mesmo tendo o reconhecimento de seu valor na empresa, ela se preocupa o tempo todo com o que o companheiro pensa sobre essa sua dedicação à carreira. Ou seja, a opinião do outro importa muito para o que ela pensa sobre si, positiva ou negativamente.

Uma viagem de trem

A vida pode ser vivida como uma viagem de trem. Primeiro pensamos aonde queremos chegar, refletimos sobre qual o destino e as diferentes formas de alcançá-lo. Aí decidimos que a forma mais prazerosa de fazer esse trajeto é por meio do trem. Então vamos à estação, compramos a passagem, aguardamos tranquilos pela chegada do comboio que vai nos levar ao destino que escolhemos, sentados nos lugares que adquirimos. Outra maneira de viajar é do tipo *on the edge* (que em inglês significa "na borda", ou seja, gente que se atrapalha e adia as tomadas de decisão), em que se chega à estação em cima da hora, esbaforida, mas, apesar da confusão, não se perde a viagem.

Claro que o melhor é ir sentado na janela, o que possibilita observar as diferentes paisagens ao longo do caminho. Outros querem ter o controle e não abrem mão dos lugares mais próximos ao corredor. Eles têm medo de precisar levantar do lugar, não confiam que conseguirão ficar quietos, querem ter mobilidade, independentemente de enxergarem por onde estão passando.

A diversidade de cenas dos lugares pelos quais o trem vai passando é sempre um exercício de observação e aprendizagem, pois o mundo correndo lá fora é como um catálogo de amostras de uma região, de todo um país e, de forma mais ampla, do mundo. Cada estação oferece uma parada e o tempo para conhecer novas pessoas, novos costumes, novos sabores e uma abertura para o convívio com o diferente. Uma viagem pressupõe sempre o desafio de sair da rotina, experimentar coisas novas, abandonar – nem que seja por um curto período – hábitos desenvolvidos durante a vida.

Assim como com esse trem, momentos ou fases de nossa vida possibilitam colecionar experiências que podem ou não ter a ver com o destino final. Mas sempre serão vivências que podem preparar um encontro com nós mesmos e que, no futuro, em retrospectiva, farão parte de uma obra maior: o sentido da nossa vida.

É claro que, para viajar, podemos ir de avião, de navio, de carro ou mesmo de moto. Mas só o trem possibilita esse tempo para a observação e o aprendizado por onde transita a introspecção. Ir de trem é como conquistar o caminho, e não apenas fazer o percurso. Mulheres poderosas que imaginam sua vida como uma viagem de trem serão as conquistadoras capazes de aproveitar os pequenos momentos, as pequenas cenas para compor o panorama do seu sucesso. Aproveitar essa viagem como fazemos com uma música que tem representações mentais para nós é permitir que diferentes emoções nos toquem: alegria, prazer, paixões, tristezas e por aí afora. Os sentimentos gerados por essas emoções se irradiam no inconsciente e movem a alma, recuperam nossos fracassos e relembram as nossas vitórias.

A beleza como armadilha

A mulher deve ser reconhecida muito mais por sua vitalidade e competência do que pela aparência. Afinal, nunca uma miss foi merecedora de um Prêmio Nobel. Mas não há dúvidas de que a beleza abre portas, facilita os caminhos, viriliza o homem que a escolheu. Por mais bela que seja, a mulher que não consegue virilizar o seu homem corre o risco de perdê-lo. Quanto mais feminina ela for, mais ela estimula o lado masculino e protetor desse homem, que se volta cada vez mais para ela ao se sentir realizado, reforçando assim o vínculo do casal. E pela perspectiva do homem, quanto mais ele percebe que o seu potencial masculino faz a sua mulher feliz, quão agradável é o relacionamento entre eles, mais terá para se doar na relação.

Contudo, mulheres muito bonitas que não se realizam como construtoras de algo, sejam elas profissionais, mães ou donas de casa, reduzem-se a essa condição estética, empobrecem, enfraquecem-se e transformam-se em meros objetos de exposição de seu lado mais externo. Até mesmo as artistas consideradas maravilhosas, ou as modelos impecavelmente belas, precisam dessa sensação de poder, de concretização do produto que têm para oferecer através de sua apresentação.

Beleza em excesso também pode ser uma armadilha quando a mulher não se sente feliz nem realizada no amor. Quanto mais bonita, mais à prova ela fica. A mulher que se destaca pelos atributos físicos precisa constantemente validar o seu potencial cultural, profissional e ético para não ser colocada no rol das que se aproveitam só da beleza para galgar seu espaço. Na hora de disputar uma vaga de emprego, uma promoção no trabalho ou mesmo competir com um homem por uma posição, a muito bela sempre sente que precisa provar que não é "apenas um rostinho bonito" ou um corpo escultural.

Mas se formos pensar, linda ou não, a luta de toda mulher é procurar seu lugar, conquistar o seu espaço legítimo, ser autossuficiente, estar bem consigo mesma nas relações com o companheiro, com a família, com o círculo socioprofissional. Difícil é conseguir equilibrar a necessidade de manter-se presente, visível e, ao mesmo tempo, protegida e admirada.

Mulheres que foram muito belas na juventude costumam envelhecer mal, pois não sabem lidar com a passagem dos anos e a marcas do tempo na pele e no corpo. É como se não tivessem aprendido a virar a chave, querem aparentar eternamente vinte anos menos e então buscam nas cirurgias, nas academias e nos cosméticos o elixir da juventude, o que simplesmente não existe. As rugas, a pele mais flácida, os contornos alterados são o terror para essa mulher em pânico constante de perder o poder de sedução que sempre foi o elemento que a destacou entre as demais. Seu maior receio é passar a ser uma mulher comum fisicamente, que não se destaque à primeira vista. Mal sabe ela que a mulher madura tem um encanto todo especial, sobretudo aquela que aprendeu a tirar proveito de toda a experiência de vida, conhecimento e sensibilidade acumulados.

No entanto, vale ressaltar que a busca parcimoniosa e adequada para manter a autoestima física é importante. Acho válido utilizar-se da cosmiatria e da medicina estética, pois elas proporcionam segurança, sobretudo quando atendem ao senso crítico e estético, anatômico e funcional. E, como em tudo na vida, vale cada uma buscar o que lhe fica bem. Uma mulher madura pode ser extremamente admirada se, ao se colocar nos ambientes, usa de seus atributos, de sua postura, elegância e feminilidade para ser admirada em sua beleza renovada.

CAPÍTULO 3

PODER AMEAÇADO: MATERNIDADE *VERSUS* PROFISSÃO

Na vida, tudo tem sua hora: de mamar e desfrutar do convívio com a mãe, de crescer, de brincar, de estudar, de socializar, de trabalhar, de namorar, de encontrar o homem certo, de casar com ele e... de construir uma família. Esse é o ciclo natural.

Ao observar a mãe e as mulheres que a cercam, a menina desde que nasce vai construindo o referencial feminino. Com os olhinhos inocentes, ela vê como a mãe se veste, se penteia, experimenta o salto alto dela, veste suas roupas, tenta passar batom igual, mas borra toda a boca ou quebra o batom nessa tentativa de imitação, porque ainda é pequenininha e não consegue controlar muito bem os movimentos da mão. Conforme vai crescendo, ela é estimulada pelo conjunto de fantasias que cercam esse universo, sempre tendo a mãe como modelo de feminilidade, e segue copiando aquele universo de referências. Ao crescer, percorre outros canais de observação e de imitação com as irmãs, primas e outros modelos, passando pelas amigas. Quando se transforma numa jovem adulta, surge a primeira grande ramificação na sua vida: a carreira profissional ou a vida afetiva.

Atualmente, assim que ingressam na faculdade ou na vida profissional, as garotas têm em mente construir uma carreira, sabem que isso necessita de muito investimento de tempo e energia, e é comum que adiem a possibilidade de relacionamentos afetivos mais estáveis. Enquanto apenas "ficam" com alguns (ou muitos) rapazes sem a necessidade de compromisso, elas postergam a realização afetiva, abrindo espaço para o crescimento na carreira. Nesse período, veem o homem apenas como uma companhia eventual para cinema, balada, sexo, viagens ou passeios.

Eu não vou namorar um cara que é estudante de medicina, porque nunca vamos conseguir sair. Ele só estuda.

P., 23 anos, estudante

Ou seja, no caso acima, a garota simplesmente descarta o homem que não tem tempo para dividir com ela a diversão, preencher o seu romantismo e a vida social, preferindo muitas vezes abrir mão de ter um namorado para ficar livre para sair com os amigos. Esse comportamento atual tem a ver com os novos valores que são bem elásticos. Muitas jovens desfrutam de uma sexualidade precoce, ainda sem muita sensibilidade porque falta a maturidade necessária para a construção de um vínculo, sendo o prazer também bastante raso, uma vez que a garota ainda não está preparada para se sentir mulher em toda a sua plenitude.

Aqui, apresento um resumo de como é, em linhas gerais, o desenvolvimento da mulher do século XXI.

Lá pelos 20 e poucos anos, a garota pode ser considerada jovem adulta com todas as responsabilidades que isso compreende. Ela já passou pela adolescência, viveu um pouco e amadureceu, optou por uma profissão, estudou para isso e vem encaminhando-a de forma consciente, traçando metas e objetivos bem claros. Nesse período, ela tem bastante energia e tende a se jogar em novos desafios, novas experiências. Está solteira, e sua carreira incipiente requer dedicação e atenção total. Sonha ascender e se sobressair no mercado de trabalho.

Algumas nessa fase da vida mantêm um possível relacionamento com um solteiro como elas, ou um homem casado igualmente não disposto a se amarrar afetivamente. Sofrem muita pressão em sua formação profissional, estão cursando a faculdade ou já iniciaram uma pós-graduação ou especialização, fazendo estágios, orientando suas metas para um cargo de mais responsabilidade no mercado de trabalho. E é comum que, nessa etapa, as incertezas da carreira misturem-se aos sonhos da menina-moça.

E de repente ela se descobre como mulher-amante, precisando lidar com toda a carga que isso historicamente representa.

Quando comecei a sair com ele, eu estava livre, sem nenhum compromisso de namoro. Levava a minha vida com muito trabalho, cuidava da vida, fazia atividades que me davam satisfação. Assediada de vez em quando por colegas de trabalho, eu aceitava sair mesmo que soubesse que seria somente uma transa sem consequências. Até que um dia, na festa de casamento de uma amiga da empresa, me vi dançando no coreto que ficava no jardim da casa com um colega que era casado, e acabamos nos apaixonando.

Hoje, passados alguns meses, nossos encontros se intensificaram e o relacionamento que era para ser passageiro está tomando outra dimensão. Ando tão perturbada com isso que sonhei com aquela cena de nós dois dançando naquele coreto, escondidos de todos, o som da música ao fundo misturando-se com uma cena do filme A noviça rebelde, que marcou a minha infância, e lá estava eu, absolutamente feliz, mas, ao mesmo tempo, com raiva dele. Eu estava traindo todos os meus valores éticos familiares e a minha primeira determinação lá atrás de não me envolver com homem casado.

C.A., 39 anos, psicóloga

Depois de um tempo, avançando nos anos, já com o diploma na mão ou com a carreira iniciada, elas começam a querer retorno do que investiram, aprenderam e sabem fazer. Paralelamente a esse intenso frenesi profissional, elas buscam uma relação afetiva que indique um sentido real de conquista do mundo. Não querem "mais um" que nada acrescente, ou mesmo um homem que a bloqueie no que ainda quer aprender e obter.

Mais amadurecidas, casadas ou não, enxergam o assunto "filhos e maternidade" como um novo estado socioafetivo capaz de ocupá-las mais ainda e, consequentemente, onerá-las, ainda que represente o preenchimento de sonhos ancestrais. A família pode se formar, e a invasão de acontecimentos não deixa muito espaço para devaneios. Conflitos íntimos se misturam às obrigações tanto familiares como profissionais. Têm que fazer escolhas a cada minuto e se reinventam a cada hora.

E se tiveram filhos, ao se tornarem avós, as mulheres do século XXI sentem-se mais livres, sofrendo contudo os possíveis baques do distanciamento da prole, o peso de rompimentos conjugais ou de falecimento do cônjuge. Em geral, nessa fase, as mulheres entram em contato com novos desafios, vislumbrando uma nova e luminosa fase produtiva pela frente. Isso, claro, se não estiverem ocupadas demais cobrando os filhos e jogando-lhes a culpa por terem-na abandonado e tirado seu próprio sentido de vida. Convenhamos que esse tipo de cobrança gera taxas muito altas de juros emocionais, escoando toda a energia e vitalidade possível, não é mesmo?

A conquista de poder optar: carreira ou filhos

Agora que especificamos os principais momentos do amadurecimento feminino, vamos voltar àquela etapa da vida em que a mulher pode optar por ter ou não filhos. Nessa fase, é comum surgir uma série de dilemas, de conflitos internos, porque é preciso tomar decisões de cunho muito, mas muito pessoal que refletirão em toda a sua vida ativa. Algumas resolvem seguir em carreira solo, dedicando-se totalmente à profissão, desfrutando de toda a liberdade pessoal na condição de solteiras. Até porque hoje elas não precisam mais estar casadas para ter uma vida sexual ativa, seja com casos fortuitos, pagando por companhia (homens de aluguel), ou até tendo vários parceiros simultaneamente. Elas nem mesmo dependem mais dos homens para serem mães, se assim o desejarem, graças ao surgimento de novos métodos de fertilização. Ou seja, hoje é possível ter prazer no trabalho, dedicar-se com afinco a ele sem as cobranças de um casamento formal. As mulheres podem querer ter alguém à disposição nos horários que estão livres e precisam de companhia.

Estou querendo namorar. Eu queria tanto ter alguém, um namorado... Queria poder telefonar, trocar mensagens, ir ao cinema, sair... Sozinha, é como se eu só vivesse para trabalhar e estudar. Não tenho folga, tudo são só obrigações!
A., 27 anos, bancária

Quando a mulher começa a sentir o mesmo que a moça acima, aí sim ela está mais disponível emocionalmente para encontrar um companheiro e se casar.

Contudo, a nova mulher não está mais apenas dependendo da satisfação da maternidade ou do *status* do casamento para se sentir realizada como pessoa. Ela conquista e administra os seus bens, articula-se socialmente com desenvoltura. Ao mesmo tempo que é uma trabalhadora dedicada, ela encontra tempo para armar um programa para a noite, para o próximo fim de semana, prepara as férias e organiza sozinha sua festa de aniversário, que invariavelmente estará cheia de pessoas bem interessantes e que gostam de sua companhia. É natural para ela comunicar-se com todos, planejar viagens, jantares e encontros, tecer sua rede social de forma a transitar na vida com graça e leveza, sem esbarrar na solidão.

As mulheres de hoje levam uma vida invejavelmente divertida, formam uma turma engraçada de amigas inseparáveis e, não raro, trocam entre si as peripécias das conquistas amorosas.

Quando contei pra elas que deixei o cara dormindo no flat, no meio da noite, elas não acreditaram. Ele roncava tanto que eu não conseguia dormir. Aí comecei a pensar no mico que seria ter que conviver com a pentelha da filha dele que vivia telefonando da casa da mãe para saber como fazia a lição de casa... e me mandei. Ainda bem que o banco do restaurante era de madeira... a gente até fez xixi na calça de tanto rir.
K., 29 anos, professora

Nisso a mulher leva grande vantagem sobre o homem que, quando está sem namorada ou mulher, acaba se isolando, sobretudo quando fica mais velho.

Outras, mesmo concentradas no crescimento profissional, buscam um homem com quem possam dividir não apenas uma moradia, mas também a vida. Estas se casam e, tempos depois, veem-se diante do dilema de ter ou não filhos, porque, em geral, nessa etapa, a vida profissional está deslanchando e a chegada do primogênito pode interromper esse processo, ainda que por um período, enquanto ele ainda for pequeno.

O sonho de um relacionamento estável leva à busca de ter uma família. Dependendo da idade e de certas condições, a mulher desenvolverá o desejo de experimentar a maternidade e dará andamento ao projeto de conceber um filho. Afinal, a maternidade faz parte da vida e amplia a essência feminina.

E essa decisão é crucial para toda mulher. Algumas, sobretudo as que sentem que a vida profissional ainda não está inteiramente estabilizada, decidem não ter filhos ou resolvem adiar essa decisão, ficando num estado de latência. Essa prorrogação consecutiva muitas vezes provoca conflitos entre o casal, ou mesmo interiores, próprios dela, que sente que essa postergação pode ameaçá-la de não atingir o sonho da maternidade idealizado desde a infância.

Enquanto isso, há aquelas que abrem mão de vez da maternidade porque se sentem incapazes de administrar a carreira, cuidar do marido e ainda de uma criança, então se realizam em outros campos. É uma opção absolutamente válida e, hoje, a sociedade já não faz tantas cobranças. Na verdade, ninguém precisa provar nada para ninguém. Mesmo assim algumas mulheres ficam incomodadas por terem feito essa opção que destoa do senso comum, mas estão tranquilas, porque, afinal, maternidade é uma coisa muito séria, para toda a vida e exige que se queira muito ser mãe.

Não quero usar a maternidade para justificar a minha incompetência profissional. Olho para meus filhos e vejo que os abandono, pois precisariam da minha presença mais constante, dando exemplo, controlando o que fazem, organizando tarefas, corrigindo maus hábitos, acabando com manias, medos e preparando-os para tomar contato com seu mundo interno e com o que os cerca e mostrar as consequências (boas e más) de seus atos. Sei que quem cuida deles não consegue nem tem nível para isso. Preciso ter claro o meu plano de carreira, o que aspiro na profissão, mas não quero que isso seja visto como limitação, nem que eu me acomode no papel de mãe.

C., 37 anos, engenheira de alimentos com carreira brilhante e um alto nível de percepção de seus conflitos

Era mais fácil quando os filhos eram pequenos, pois eu tinha que estar lá porque eles choravam, reclamavam, exigiam a minha presença. Agora eles cresceram, estão mais independentes, não sentem muito a minha falta, mas é justamente agora que eu deveria estar mais próxima, atuando diretamente na educação social e emocional deles.

D., 34 anos, bancária, com horários rígidos a cumprir

Risco profissional

Ou seja, esses dilemas todos são coisas dos tempos modernos, porque antigamente o normal era crescer, casar e fazer filhos, nem se discutia a questão. Hoje, contudo, cada vez mais a prioridade é a profissão, e para muitas mulheres a maternidade passou a ser um fator de risco... risco profissional, uma vez que correm mesmo o perigo de perder o emprego assim que viram mães.

É o caso de S., 35 anos, que foi despedida durante sua terceira gravidez. Ela vinha se empenhando muito para manter a equipe trazendo os melhores resultados de vendas. Devido à sua competência, a empresa faturou como nunca e, num determinado dia, S. foi chamada para uma conversa amistosa e persuasiva com o diretor e acabou aceitando a demissão em troca de uma ótima bonificação.

Logo depois, ela ficou meio em dúvida se teria agido certo, mas, como pensava em algum dia voltar ao setor, acabou chegando à conclusão de que era melhor mesmo preservar sua posição e referência no mercado. Discreta, findo o período de resguardo e amamentação, ela simplesmente retaliou ingressando nos quadros de um grande concorrente da empresa que a demitira naquelas circunstâncias. E agora, anos depois, em fase profissional muito melhor, ela olha para trás e já nem dá tanta importância para esse fato que, na época, criou-lhe certas dificuldades para restabelecer sua rota de conquistas.

O exemplo de situação vivido por essa mulher é importantíssimo, pois ele nos revela que é preciso paciência e serenidade nas horas em que tudo parece desabar à nossa volta. O tempo é o senhor da razão, já diziam os antigos, e se soubermos avaliar as coisas com alguma tranquilidade, com o passar do tempo, tudo acaba se ajustando e ganhando outra dimensão. Uma situação que, na hora, parece-nos dramática e intransponível pode ser avaliada tempos depois como o momento crucial para uma mudança que estávamos precisando fazer e não tínhamos coragem suficiente para começar. Portanto, uma demissão muitas vezes transforma-se num trampolim para sonhos mais altos.

Assim como algumas colocam na carreira profissional todo o foco de sua realização pessoal, outras optam por dedicar sua vida à família, o que também se constitui numa opção absolutamente legítima. E então, essas mulheres armam, tecem e envolvem a todos com seus cuidados e planos, não abrindo mão disso nem mesmo quando os filhos crescem e já não dependem tanto delas. Esse tipo de mulher cada vez mais se percebe cobrada a cumprir o que, por vezes, é simplesmente impossível para a grande maioria de mortais: o pódio da mãe-mulher nota dez.

Muitas dessas mulheres levam tão a sério o zelo com a família que acabam transformando-se em patrulheiras não só dentro de casa, como também das outras mães. E são comuns os relatos de executivas que se desdobram para poder chegar a tempo a uma reunião na escola dos filhos, por exemplo, e acabam atrasando devido ao trânsito. Logo que chegam, invariavelmente são olhadas com desaprovação pelas vigilantes de plantão, que, sem muitas outras ocupações além de cuidar dos filhos, costumam chegar uma hora antes do encontro e não têm pressa para ir embora. E são elas as que preparam, pessoalmente, os melhores doces para as festinhas da escola, fazem os mais belos artesanatos, passam da melhor forma os uniformes de suas crianças, dão os melhores presentes para os professores. Enfim, parece que elas estão sempre lutando para ganhar o prêmio de mãe-nota-mil e melhor-patrulheira-do-mês. Não dá para competir com essas mulheres.

Existem também as que seguiram todo o ritual, cresceram, casaram-se, tiveram filhos e depois acabaram separando-se do marido ou enviuvando.

Aqui o depoimento de uma mulher que resolveu iniciar seu terceiro casamento e, para que nada ameaçasse a atual união, resolveu com o novo companheiro manter os respectivos filhos nos apartamentos em que já viviam e montar uma terceira casa só para eles.

Já vivi o suficiente para saber que não dá para misturar marido com os filhos de outro casamento. E ele também sabe que os filhos dele não ficariam à vontade comigo. Então resolvemos não arriscar: serão três casas montadas. Sei que conseguirei administrar tudo isso.

N., 56 anos, comerciante

Enquanto N. tem energia (e paixão) de sobra para tentar novamente, é flagrante o número de descasadas que não querem um novo matrimônio. Embora estejam sempre em busca de um relacionamento estável, elas não ficam mais naquela aflição de ter que casar de novo como tempos atrás. Em mais de três décadas de consultório, acompanho toda essa evolução bem de perto. No começo era "eu preciso arrumar outro marido". Hoje ouço "eu não quero mais outro marido". Isso ocorre porque hoje a mulher está mais independente, resolvida, muitas mantêm financeiramente a família, têm a companhia dos filhos, administram tudo e não veem razão para ter um marido ao lado dando palpites e cobrando sua dedicação.

A questão é que o marido transforma-se numa mala cada vez mais difícil de carregar para a mulher quando ela não está mais disposta a resolver os problemas dele. O homem de hoje vai ter que se resolver por si, caso contrário corre o risco de envelhecer sozinho. Por isso ela quer apenas namorar.

Anos atrás, uma paciente, então com 54 anos, viu-se diante de um dilema importante. O namorado insistia para que tivéssemos uma relação conjugal mais constante, mas havia uma incompatibilidade forte entre ele e as filhas dela, o que o impedia de se mudar para a casa dessa paciente. Ela sentia que não podia mandar as filhas saírem de casa, embora fossem adultas, porque afinal a casa também era delas. No fim, ela acabou optando pelas filhas, e o relacionamento se desfez.

Seja qual for a opção de vida, a dúvida e a luta interna constante entre viver um ser família e, ao mesmo tempo, um ser do mundo têm levado a nova mulher a um cenário conflituoso que muitas vezes a conduz ao perigo do exagero. Frente aos obstáculos, ela, quando não tem instrumentos psicológicos suficientes para decidir, vê-se apenas profissional ou apenas mãe, quando o ideal seria aprender a lidar harmoniosamente com ambos os papéis. Isso vale também para o lado afetivo e a relação com os filhos e a família.

Conquistando o amor: o aprendizado do dividir

Toda mulher sonha com um homem ideal, aquela espécie de príncipe que está em seu imaginário: o homem poderoso. Certa vez participei de uma discussão sobre o que leva as mulheres a fantasiar com homens de terno e gravata. Nesse debate ficou evidente que elas associam poder com virilidade e proteção, pois independentemente da classe social a que pertençam, profissão ou cargo que ocupem, elas ambicionam ter a seu lado um homem seguro e protetor. Com isso reproduzem o fenômeno que ocorre em todo o reino animal, quando as fêmeas, na hora do acasalamento, buscam selecionar os machos mais fortes e sadios para que possam ter uma prole igualmente forte e sadia. Trata-se do mais puro instinto de preservação da espécie.

Isso é tanto verdade que uma pesquisa recente feita em Nova York e publicada no jornal *on-line Huffington Post* mostra que as mulheres fantasiam mais com dois tipos de profissão: empresários engravatados ou bombeiros, fenômeno esse que se agravou com toda a preocupação com as consequências da crise financeira global que vem aterrorizando os norte-americanos. Segundo a pesquisa, as mulheres enxergam mais do que sensualidade por trás dos uniformes de bombeiros e do terno e gravata.

Elas associam competência e autoridade com atração, muito embora elas próprias possuam essas características de sobra. Ou seja, as norte-americanas projetam no sexo a vontade de ser protegidas por homens fortes ou poderosos. E pela minha experiência, as fantasias sexuais mais relatadas por mulheres brasileiras não fogem muito disso. Aqui os engravatados podem atrai-las muito e, quanto mais inacessível forem, mais encantadores se tornam. No Brasil, os homens considerados atraentes por grande parte do público feminino são jogadores de futebol ou artistas de televisão, substituindo essa figura do bombeiro, embora os homens fortes e musculosos ainda representem um fetiche e tenham sua cota de admiradoras.

A não satisfação de alguma dessas fantasias pode trazer frustração. Muitas vezes esses homens tão cobiçados são o oposto daquele que elas têm perto de si, seja ele o marido, o namorado, o amante ou um que as esteja cortejando no momento. Se o rapaz que a mulher tem é muito diferente daquele que a atrai nessa idealização, isso pode gerar um nível de frustração com uma agressividade pouco explícita, atrapalhando o relacionamento.

O homem com poder atrai as mulheres, porque a sedução que ele exerce sobre os admiradores e seguidores é a mesma que ele utiliza para seduzi-las. E é comum as mulheres se confundirem, achando que esse homem poderoso vai lhes garantir segurança. Mas nem sempre ele saberá atingir e cuidar das áreas vulneráveis que precisam de uma atenção maior, ou que tenha o mesmo sentido de vida. A segurança precisa estar se desenvolvendo também dentro delas. Não é o relacionamento que vai lhe trazer essa segurança, esse sentimento tem que estar lá.

A mulher segura evita se envolver em relacionamentos que vão decepcioná-la mais adiante. Ela precisa admirar o companheiro como homem, e não como um ser mágico e encantador, um indivíduo especial que a libertará de um mundo malvado, levando-a a viver num castelo protegida de tudo. E, se porventura esse príncipe aparecer, é mais provável que ela esteja sujeita a um cativeiro emocional voluntário ou forçado.

Quando se trata desse tema, uma mulher, por mais poderosa que seja, tem sempre uma experiência relacionada com algo por que passou ou está passando em sua vida. Compreendo bem o que é isso. Muitas vezes há uma fixação por uma relação afetiva ou uma dependência familiar incontrolável com um homem ou um membro da família, pois não é raro ocorrerem relacionamentos de afeto doentios entre pai/mãe e filhos, ou mesmo irmãos, que os leva a viver atados, cheios de medos e culpas do que pode acontecer com cada um. Já escrevi bastante sobre esse fenômeno chamado "sequestro emocional", em que sequestrador e sequestrado não se separam jamais, com risco de perderem sua identidade como tal. Quando abordo esse tema, muitas mulheres me respondem pensativas: "Conheço bem isso na minha vida". **E você, conhece?**

Quando o homem se sente atraído por uma mulher poderosa, ele tende a dominá-la para poder sentir-se mais forte e orgulhoso por sua conquista. Por isso é fundamental haver sensatez e equilíbrio, para que ambos possam crescer. Esta é a melhor forma de evitar que se instale um vínculo afetivo doentio.

Esse tópico bem que poderia ser chamado de "a conquista da divisão", porque é realmente uma conquista quando se aprende a dividir, sem que isso signifique uma conta de subtração. Dividir uma vida significa partilhar coisas boas e coisas ruins. "Na saúde e na doença, na riqueza e na pobreza" dizem os sacerdotes na hora do casamento. Quando a sensação é de subtração, estamos em uma área energeticamente destrutiva do ponto de vista da essência do ser. Não há uma alimentação recíproca, não há espaço para o crescimento pessoal, e o sentido da vida fica comprometido.

Porém, dividir uma vida com alguém significa muito mais que juntar coisas, bens e sonhos. Representa também aceitar que cada um vê o mundo do seu jeito. A cabeça do homem é mais prática e talvez por isso ele costume adiar providências e decisões até que chega a hora da urgência. E então ele age direta e assertivamente.

Já a mente de uma mulher é bem diferente. Dia desses assisti a uma comédia que dizia que a cabeça da mulher pode ser comparada à torre de comando de aeroporto, tamanho o número de incumbências que ela pega para cuidar e resolver. Em geral, a mulher não sabe dizer não, nem deixa claros os seus limites, por isso fica sobrecarregada a tal ponto que acaba fazendo aquelas trapalhadas tão típicas das assoberbadas: caminhos ou presentes trocados, listas de compras ou compromissos esquecidos, ou as famosas comidas queimadas bem no dia que isso menos podia acontecer.

E exigir que o marido divida com ela algumas tarefas específicas, bobagem! Os homens podem ajudar, mas assumir tarefas é coisa que eles dificilmente fazem, a menos que absolutamente forçados pelas circunstâncias, como, por exemplo, preparar algo para não passar fome quando é absolutamente inevitável.

Curioso é notar que há até o caso de homens que, ao serem abandonados pela esposa ou enviuvarem, transformam-se em donos de casa exemplares ou pais dedicados, cuidando de todos os aspectos da educação dos filhos. Esses homens aprendem rapidinho até a passar roupas... A situação cria a solução. Quando se perde o pé, e a água começa a chegar perto da boca, a única saída para sobreviver é aprender a nadar.

Contudo, a vida não é feita apenas de expectativas. Chega uma hora em que a mulher conhece um homem que preenche o maior número de requisitos idealizados por ela e o relacionamento torna-se mais sólido. Sonho misturado com a realidade. O respeito e a admiração aliados à carência e à solidão viram paixão. Depois que a mulher vence o "pré-conceito" de que vai sofrer mais uma vez, ela decide se dar uma nova chance. Acha que dessa vez vai dar certo e sempre dá, mesmo que o relacionamento um dia se rompa. Afinal, funcionou pelo tempo que a relação durou.

Além do mais, conquistador que é conquistador, ops, conquistadora, sabe a hora de desistir, virar a página e sair da relação com elegância, mantendo portas abertas para uma amizade futura, absolutamente desinteressada.

A delícia de envelhecer bem

E finalmente temos a mulher madura, aquela que, depois de uma vida dedicada ao trabalho fora de casa ou à família, agora pode desfrutar de mais tempo para cuidar de si e para empregá-lo naquilo que ela realmente deseja e tem interesse. Nessa etapa, ela pode ter uma vida emocional melhor, entende mais de sexo, de prazer e de seu próprio corpo, não depende do homem para mais nada e desfruta agora do patrimônio físico e afetivo que construiu. Pode decidir, quando e como quer, se não está mais obrigada a nada.

Os dilemas de trabalhar ou não fora de casa, ter ou não filhos, ser bem-vista e aprovada ficaram para trás. Com o feminino mais estabilizado, com ou sem marido, ela não tem mais medo, faz suas opções com mais clareza e pode dizer para si mesma "Estou dando ao mundo tudo o que posso dar, e não o que esperam que eu dê". Essa mulher também tem mais tempo para rever sua vida, refletir sobre sua trajetória, fazer seus balanços e ainda renovar projetos e estabelecer novas metas.

Aliás, projetos pessoais são altamente recomendáveis como métodos antienvelhecimento. Essa coisa de ficar vendo TV e alugar filmes para assistir em casa, esperando a hora em que vai ser visitada para poder oferecer sua comida, pode insidiosamente colocá-la num tipo de aposentadoria que apaga o seu brilho de fêmea. Essa espera passiva cria uma energia que retém o potencial criativo da mulher que, sem perceber, enfraquece, adoece com frequência e torna opaco sua feminilidade, contaminando também seu companheiro, se tiver um.

Esse estado de espírito da maturidade tem sido chamado cada vez mais de "abuelidade", termo que vem do espanhol *abuela* ("avó"), mas que ainda não está no dicionário da língua portuguesa. É a sensação do dever cumprido, como o da avó que pode exercer seu poder feminino de um jeito mais sereno, sem conflitos e mais confiante. É o sentimento de que não é preciso provar mais nada. É a condição da dignidade estabelecida, entendida, aprofundada. O surgimento do neto é a prova de que a história dela está lá, como que renascida. É como se ela estivesse sendo reapresentada para si mesma e encantando-se consigo própria por tudo o que conquistou.

Ofereço aqui alguns depoimentos de mulheres mais velhas que se beneficiaram do trabalho da equipe do Gender Group® do Serviço de Psicoterapia do Instituto de Psiquiatria do Hospital das Clínicas da Faculdade de Medicina da Universidade de São Paulo:

Eu me sinto mais segura para ressignificar o meu lado feminino com segurança, independência, sabedoria e humildade.
E., 61 anos, professora aposentada

Consegui refletir meu modo de ser enquanto mulher. Sempre agi de forma mais agressiva, o que acho que é mais masculino, porque tinha que me impor. Hoje vejo que posso ser menos dura, mais leve. Tenho tentado passar isso à minha filha, para que ela recupere sua feminilidade.
S., 60 anos, comerciante

Avalio que o grupo conseguiu organizar fatos que me feriam muito e me mostrou que eles podem ser trabalhados. O grupo abriu uma porta para que eu consiga melhorar. Percebo agora que o homem e a mulher podem conviver muito bem juntos.
C., 55 anos, prendas domésticas

Consegui perceber que uso muito do meu tempo com a família e o social, já para a minha vida profissional dedico muito pouco.
E., 56 anos, administradora

Agora percebo que sempre fui muito mandona com meu marido e meus filhos.
L., 59 anos, prendas domésticas

Pude perceber que o papel mais difícil para eu atuar é o da mulher que ama e deseja o homem. É difícil porque é um papel que eu não domino direito, é novo para mim. Sinto-me muito insegura com relação aos sentimentos e sensações que eu desconhecia existirem em mim.
  N., 50 anos, advogada

Mãe de todos?

Por seu espírito cuidador, aconselhador, contemporizador, é comum muitas mulheres assumirem o papel de mãe de todos. Mas nem sempre isso é bom, pois rouba a energia que ela teria para o trabalho, para cuidar de seus assuntos ou até dos próprios filhos. Por diversas vezes, pacientes já me falaram: "Não quero ser vista como mãe, uma mãe para todos. Não quero ser mãe mais do que dos meus filhos".

Em muitos casos, a identidade dessa mulher está misturada de tal forma que não é mais enxergada como uma mulher inteira, mas apenas através de uma de suas faces. Afinal, quando nasceu era do sexo feminino e, antes de qualquer papel que exerça hoje, cresceu como mulher e não como mãe. Isso pode prejudicar o seu potencial de desenvolvimento em todos os sentidos: afetivo, social, profissional e até de sua autoestima geral.

Até quando se separa, a mulher continua presa ao papel anterior de controladora de todos. Certa vez, uma paciente me relatou que, na falta de melhor opção ou amigos que a convidassem, passou o Natal com a família do ex-marido. Ela se questionava o porquê da proximidade tão grande com uma família que, teoricamente, não era mais a sua, mas a justificava, alegando precisar do respaldo do ex-marido na educação dos filhos. Na terapia constatamos juntos que ela vinha usando os filhos como forma de manter o ex-companheiro por perto, um jeito meio torto de continuar sentindo que tinha algum tipo de poder sobre ele.

A mulher se envolve de tal maneira na perseguição dos postos a serem conquistados que não se reconhece mais. Várias mulheres que me procuraram esses anos todos, muitas delas profissionais ou mães exemplares, ficavam ao mesmo tempo fascinadas e assustadas com a proposta de uma psicoterapia voltada ao gênero. Elucidar suas questões com o foco na busca e na confirmação do Ser Mulher e o resgate do feminino que estava amortecido ou pouco nítido era o caminho que buscavam, mas não sabiam onde procurar ajuda.

CAPÍTULO 4

FAMÍLIA: UM SONHO MANTÊ-LA UNIDA?

A mulher mais madura, com filhos maiores e o relacionamento amornado pode ver tombar o mito do casamento ideal, e aí o *script* começa a furar não só com o companheiro como também com os filhos que nunca concordam com ela. O desgaste emocional por viver permanentemente nesse estado de desencanto e desencaixe costuma gerar a vontade legítima de montar num *tsuru* (o pássaro sagrado do Japão, simboliza saúde, fortuna, felicidade e longevidade e também é a ave-símbolo daquelas dobraduras delicadas chamadas de *origami*), e ir para bem longe, onde tudo seja mais suave e tranquilo.

Preciso ficar mais atenta ao que acontece ao meu redor. Os que convivem comigo, sobretudo a família, acham-me desligada, dizem que nunca presto atenção ao que estão falando. Vai ver é porque estou sempre ocupada. Então eles falam, e eu vou escutando enquanto faço o que preciso. Na terapia, admirei-me quando os homens disseram que muitas vezes tiveram vontade de se matar. Nunca imaginei que eles pudessem sentir esse tipo coisa. Meu marido já passou por várias dificuldades na vida, e eu nunca pensei, nem reparei, que ele pudesse ter tido esse tipo de pensamento.
E., 49 anos, joalheira

A mulher é muito batalhadora, a vida moderna exige muito de nós, e não é fácil ser amiga, amante, mãe, esposa, vizinha, companheira, filha, tudo ao mesmo tempo. Sinto-me tão sobrecarregada que, às vezes, tenho vontade de sumir ou ficar chorando. Mas penso na minha filha e no quanto ela ainda precisa de mim e encontro forças para me levantar e continuar vivendo.

B., 38 anos, prendas domésticas

Meu marido muitas vezes diz que estou louca e que preciso me tratar. Ele critica tudo o que eu falo e penso. E fico pensando: será que ele tem razão? Será que muitas vezes digo coisas que não têm a ver com a realidade? Se estou doente, quero me curar. Preciso descobrir onde estou errando, porque eu só tento acertar.

C., 44 anos, funcionária pública

Estou sempre intermediando a comunicação entre meu marido e os filhos. Ele não tem paciência, não é nem um pouco sutil com as palavras, então pede que eu transmita a eles suas decisões. Minha filha se ressente e fica deprimida. Não consigo argumentar com ele, que acha ter sempre razão. Não consigo encontrar uma saída.

A., 47 anos, professora

E você, qual seria o seu depoimento neste momento?

Nesta fase da vida em que a mulher percebe a família que criou e já superou inúmeros problemas, muitas vezes ela nota em si um sentimento de inadequação, de não pertencimento, de inconformidade com o estado de coisas. O casamento se arrasta e os filhos já são adultos. Ela começa a relembrar como foi a construção de seu casamento, desde os primeiros tijolos e todos os problemas que precisou superar para seguir adiante. Afinal, um matrimônio significa a união sob o mesmo teto de duas pessoas que tiveram diferentes criações, referências, experiências, influências e decidem ficar juntas sustentadas unicamente pelo sentimento que se chama AMOR.

A vida em comum promove adaptações, novas experiências e apoia a busca do próprio caminho de amadurecimento, ao lado de outra pessoa que está fazendo o mesmo. Com o tempo, a realidade do dia a dia vai se impondo, e ambos vão deixando de se manter tão fixados na esperança, nas promessas, nos planos de perfeição e harmonia.

Em um determinado momento, com a evolução daquele amor transformado pelas intercorrências da vida, eles começam a incluir outras pessoas nessa relação: os filhos, que são criados com a ilusão da família como uma unidade protetora e segura e absorvem os conceitos dessa unidade parental que se compôs.

Quando crescem, impregnados por essa ordem chamada "família", esses filhos tentam configurar seu próprio conceito de casamento ao criar sua nova família com o ingrediente importante do amor, mas influenciados – positiva ou negativamente – pela família em que foram criados.

Assim, o amor está constantemente sofrendo mutações. Ele pode ser sentido como se fossem irradiações de energia emanadas por cada relacionamento que as pessoas vivenciam, transformando-se ao longo das gerações, das fases de amadurecimento pessoal e dos episódios bons e ruins que ocorrem ao longo da biografia individual e da conjunta com outra pessoa.

Família é um organismo autônomo composto por um conjunto de células humanas cuja multiplicação e diferenciação não é possível controlar. Elas se desenvolvem com diversos graus de saúde e de moléstias, que se harmonizam ou se incompatibilizam. Porém, uma vez que não é possível controlar a entrada e saída de pessoas do núcleo familiar, nem mesmo o temperamento de todos, a sabedoria está em compreender que cada um é diferente, tentar relevar possíveis destemperos e gastar mais tempo com o fortalecimento do Eu. Ao abrir seus horizontes individuais, a mulher estará se fortalecendo para superar muitas coisas que, para outras mais frágeis, tomariam dimensões maiores do que, na verdade, precisariam ter.

Ele e ela: cada um com seu papel na família

Hoje, as queixas aparecem em meu consultório de maneira invertida, bem diferente do que as que eu costumava ouvir. Homens reclamam que se sentem sós pelo fato de a esposa trabalhar muito. Mas se buscamos saber como ela está, a queixa é a da mesma solidão. Por motivos diferentes, ambos podem estar, em paralelo, com muita dificuldade de se encontrar, ou seja, eles partilham da mesma solidão, como se fosse uma via de mão dupla. Isso vale para a relação marido/mulher, pai/filho(a), mãe/filho(a).

Muitas vezes esse abandono já ocorreu nas relações anteriores com a família de origem, na infância ou adolescência, e só se repetem. E os filhos vão se criando assim, acostumados desde pequenos a não esperar muito de pais que não têm a disponibilidade de oferecer aquela companhia diária e constante que existia na formação da família-padrão. Sorte possuem aqueles que conseguem momentos especiais com eles.

Este é o depoimento de uma mulher que trabalha em uma empresa de cosméticos e é muito bem-sucedida. Ela teve o primeiro filho ainda bem jovem e me conta sobre a vez em que se sentiu "poderosa e conquistadora" por ter conseguido viver com o filho uma experiência inesquecível.

Trabalho muito e, às vezes, até nos fins de semana. Tenho que batalhar a vida, o que me dá muito prazer, pois faço o que gosto. Sei que sou boa nisso, adoro fazer cursos e aprender mais. Mas, lá dentro, percebo meu filho crescendo e sinto que não desfruto dele tanto quanto gostaria. Um dia, propus que fôssemos para a serra. Caía a maior chuva, o que tornava mais rico ainda o nosso programa. Éramos só nós dois. Não importava a chuva, o caminho, o cansaço, o lamaçal, nada. Estivemos juntos por quatro horas... Voltamos para o clube, entramos na piscina, estávamos renovados e muito ligados.

Quando lhe pergunto sobre esse episódio, ele me diz que nunca irá esquecê-lo. Nem eu...

S., 41 anos

A mulher que quiser se manter íntegra na composição da vida que leva precisa encontrar meios de incluir na maternidade e no casamento um espaço para sua realização (familiar e pessoal). Se o casal entra em conflito a respeito disso, o único caminho é encontrar outra via de entendimento do outro. É quando, por exemplo, ela espera uma "atitude" dele com relação aos filhos, mas ele não a atende. Em muitos casos, ele – vazio e fechado – não tem o suficiente para dar, mesmo sabendo que precisa se doar. Quando isso acontece, é preciso usar de muita compreensão e tolerância para encontrar uma via de acesso para obter, dele, a cooperação possível naquele momento. Essa é a única maneira para que o vínculo conjugal não se destrua. O mesmo vale nas situações em que é o marido que precisa fazer a esposa participar mais da criação dos filhos.

Pode haver grandes distorções nas famílias em que a mãe é a porta-voz do "saber universal". Sua fala é sagrada, sabe de tudo e de todos. Em outras, o pai é a lei e só aceita os demais se fizerem o que ele quer. É o professor 24 horas por dia. Existem famílias que se estruturam com a predominância da função de pai e de mãe. Somem os laços do casamento. O casal composto por um homem e uma mulher se transforma simplesmente em um pai e uma mãe. Perdem a noção de si mesmos, deixando de se reconhecer.

Nessas, ou em quaisquer outras famílias, quando surgem as desavenças, a saída para a boa convivência é os envolvidos deixarem a condição de adversários. Quando todos se comprometem com a identificação dos problemas, fica mais fácil encontrar soluções para, juntos, cuidarem de seus membros.

A mulher que está atenta e sente-se responsável por cuidar do núcleo familiar, se quiser falar a verdade e ser sincera com o que está acontecendo, deve ter sempre ao seu lado amor e carinho, caso contrário o resultado pode ser o oposto do que espera. O mesmo serve para o que ela pede e quer receber. Por mais que tenha razão, seus argumentos poderão causar raiva nos demais e um consequente bloqueio ao que está sendo dito. Guardar mágoas significa reter sementes de rejeição, um sentimento que pode crescer e se transformar em algo maior, capaz de fazer brotar frutos amargos e indigestos.

Elogiar e reconhecer são atitudes sempre benéficas. Por essa razão, recomenda-se não economizar elogios a cada oportunidade em que se perceba que o companheiro ou companheira está dando um passo à frente. O bom-senso para respeitar o ritmo do outro, sem julgamentos e acusações, é fundamental para uma família mais em sintonia com o padrão de cada um.

A confusão surgida nos papéis masculinos e femininos nas últimas décadas fez brotar medo e insegurança tanto em homens quanto em mulheres no caminho da própria evolução interior e pode prejudicar as pessoas em várias etapas da vida, da juventude à velhice. A medida certa de não se aproximar tanto da lareira para não se queimar, nem se distanciar em demasia para não se desaquecer, é uma boa imagem para dimensionar os relacionamentos familiares.

Precisamos muito de companhia, e a família tem todas as condições para atender isso. Quanto mais seguros forem esses laços, mais a família vai permitir e estimular que seus membros sigam seus caminhos quando se sentirem preparados para isso, sem contudo incriminar aqueles membros que, porventura, prefiram se manter por perto. Numa família equilibrada e que se ama, o respeito à individualidade e a liberdade de escolha são levados a sério e praticados em todas as situações.

O sentimento de inadequação

É comum surgir uma sensação de naufrágio quando a mulher percebe que nem todos da família compartilham das mesmas ideias, mesmo que ela tenha certeza de que todos se amam de maneira igual. As velhas crenças de que "a mãe sabe tudo" ou "o pai é a lei" cada vez mais escorrem água abaixo porque, bem ao contrário de antigamente, os filhos hoje contestam, rebelam-se a aceitar toda essa autoridade antes indiscutível e, muitas vezes, não deixam essa mulher deitar-se sobre tudo o que conquistou, porque ela estará eternamente questionando a si própria se o que conseguiu na vida valeu realmente.

Ao contrário da família social composta dos amigos que escolhemos ter (os tais irmãos de alma), a biológica muitas vezes soa mais como um "carma" (como se diz popularmente), aquela coisa imposta por algum desígnio divino, colocada no nosso caminho como forma de superação de limites em algum nível superior de energia, de acordo com o que cada um crê. A constituição da família atende aspectos sociais tidos como norma, que as pessoas assimilam e executam como se fosse algo legítimo seu, sem questionamento. Assim, geração após geração, o fenômeno se repete: a mãe segue tentando ser a intermediária entre os filhos e o marido, sem nunca conseguir se sair tão bem, e acaba não agradando nenhum dos lados.

Mas quem foi que disse que mãe tem que ser sempre a intermediadora, a tradutora? E ela? Quem vai traduzi-la?

Em muitas situações, a mulher, tentando manter o circo da família feliz, sente-se falando no vazio, chora, desespera-se por não ser ouvida, e o marido começa a considerá-la louca. Pior é que os filhos passam a achá-la louca também. E então, quando ela percebe que está viajando num trem desgovernado, vem a vontade louca de interromper tudo, descer na primeira estação e desaparecer de vez.

Em meio à crise, ela relembra a frase que cresceu escutando "Ser mãe é padecer no paraíso", considera essa imagem cafona, uma mentira deslavada, e começa a acreditar que tem que existir algo mais além da família capaz de realizá-la como pessoa e como mulher poderosa e conquistadora.

Cada vez mais, filhos adultos independentes economicamente e bem preparados permanecem na casa dos pais por um bom tempo. A separação é adiada por ambos os lados, por comodismo ou necessidade. A dificuldade de se instalar por conta própria coincide com o desejo de a família permanecer intacta, impedindo que os membros evoluam. Dessa forma todos mantêm o estado de dependência e, com isso, a mulher adia, por prazo indefinido, a liberdade para pensar e se apossar de novos espaços no mundo.

Os filhos-hóspedes-eternos, "encostos perpétuos" da mãe ou guardiões da culpa de deixá-la sozinha, ainda insistem em opor-se a ela em muitas situações, questionando-a sempre que possível, fazendo coro com o pai que a agride ou a ignora, levando essa mulher a viver num inferno doméstico e pessoal. É nessa hora que ela vê cair por terra a ilusão de que todos teriam a mesma utopia da família perfeita que ela tanto idealizou.

Nos trabalhos do Gender Group®, as mulheres são estimuladas a lidar bastante com os papéis com relação à família, comparando-a, também, com a sua de origem. Peço sempre que avaliem a dualidade "família e profissão", dimensionando a interferência de ambos os fatores no percurso de suas vidas e de suas consequências, para que possam vislumbrar as possibilidades de mudanças de rota.

Estou insatisfeita. Não realizei o meu lado profissional por ter escolhido cuidar da casa. E às vezes ainda sou questionada e cobrada por meus filhos e, pior, por mim mesma. Apesar de tudo, sinto-me muito realizada como mãe, porém muito insatisfeita como mulher e esposa, e isso há muito tempo. O relacionamento com o meu marido é péssimo. Principalmente agora, quando estamos enfrentando muitas dificuldades, problemas seriíssimos com a firma. Na maioria das vezes, eu me sinto fraca perante a situação e não aceito de forma

alguma que existe um problema. Sei que deveria estar dando força para ele, mas não consigo, devido à sua ignorância. Mas não sei o que fazer, minha mãe só me ensinou a cuidar dos filhos.
N., fez psicologia, prendas domésticas

A mulher precisa de uma troca construtiva, de um intercâmbio. No caso do casamento, se há momentos mais férteis dão mais satisfação. Mas em outros, onde as fontes de valorização se esgotam, o casamento está árido, surge a sensação de inadequação por estar vivendo algo que não a alimenta. De qualquer forma, há momentos onde as relações são realmente pouco nutritivas.

Faz muito tempo que não encontro palavras para definir minha insatisfação como esposa. Todas as fases do meu casamento tiveram toques infelizes. Talvez por ele ser uma pessoa difícil, amarga, mal-humorada e por não gostar de nada, nunca tivemos diálogos construtivos. Como marido, ele sempre foi ausente. Enfim só não estou separada por uma questão de opinião – é como fui educada pelos meus pais – e por causa dos filhos. E por decisão própria resolvi assumir esta união até o fim. Atualmente apenas moramos debaixo do mesmo teto, com muitos desentendimentos. Foi muito difícil escrever sobre o meu papel de esposa no momento, fiquei muito irritada; foi como uma obrigação.
E., 47 anos, gerente comercial

Felizmente as coisas vêm mudando, e hoje, ainda muito jovem, a mulher já percebe que seus planos de vida precisam conter outras formas de realização além da família. Não é justo consigo mesma esperar que a família seja a única fonte de reconhecimento e valorização de uma vida.

Pontos de vista diferentes

É curioso como homens e mulheres veem o casamento de formas diferentes. Uma pesquisa recente procurou saber por que as pessoas permanecem casadas e pediu que homens e mulheres avaliassem sua união. Trinta por cento dos homens a consideravam no padrão máximo de ótimo, e apenas 9,2% das mulheres o classificaram assim. Veja quanta disparidade! Isso nos leva a achar que os homens são muito menos exigentes quanto à qualidade da relação.

Uma vez escutei: "Mulher que não reclama é infeliz". Mas pergunto, e a que reclama, é feliz?

Entendo que os motivos de suas insatisfações tenham a ver com o tempo que vêm lutando para serem mais independentes. Hoje, com mais acesso à cultura, elas descobriram que existem outras opções de realização além do casamento.

Noto que a mulher de agora está mais madura e passa a olhar para si mesma, ampliando seu espaço no mundo que a cerca e sua importância social. A família continua muito significativa em seu universo afetivo, mas atualmente ela se percebe mais responsável por tudo aquilo que conquista e se compromete com isso, inserindo-se na sociedade de forma mais ampla. Isso é de grande importância, pois é a mensagem que passará aos filhos. Uma mãe me disse: "Quero que eles cresçam e façam diferença na sociedade em que vivem".

Mas existem fases da vida em que uma mulher precisa desesperadamente sentir-se querida, bonita e desejada, prioridade na vida do marido, dos filhos e até no ambiente de trabalho. Ela quer ser vista, ser atraente e notada. Quando valorizada por um homem, ela partilha com ele a sensação de cumplicidade – o que é altamente prazeroso – e se diverte muito! Um casamento em que há espaço para um rir do outro e dos acontecimentos à sua volta, com aquele olhar da crônica engraçada, torna leve o dia a dia. Dizem até que a risada faz bem para a saúde física. Rir junto, com certeza, leva a um estado de cumplicidade saudável que trata os possíveis maus humores, relativizando as idiossincrasias de cada um.

Importante é não deixar que o casamento acabe com o amor, não permitir que regras e normas ocupem espaço demais entre o casal e sobretudo indagar-se sempre "por que estamos juntos?". Se mesmo nas fases problemáticas, a resposta continuar sendo "pelo amor" e "pela vontade de continuarmos lado a lado", vale o esforço de repensar a relação, porque esse amor pode estar submerso, apagado e se deteriorando com essas crises.

A sabedoria de conseguir mudar o que não dá certo

Um casal deve descobrir um novo idioma que sirva para os dois. A língua que ambos aprenderam com os respectivos pais e a família de origem para lidar com a vida não serve para a comunicação e o convívio a dois. Se insistirem, passam a usar essa linguagem para provar, competir, provocar, acusar e querer transformar o outro naquilo que aprenderam que era bom... e, na verdade, nem sempre é.

Uma vez, fui procurado por um casal formado por descendentes de portugueses, espanhóis e italianos que estava tendo problemas no relacionamento. Ela reclamava da família dele e a educação que deram ao marido; e ele, da incapacidade dela de compreendê-lo, assim como de sua intransigência. Sugeri que eles aprendessem a falar árabe, uma nova língua, só para os dois. Claro que isso foi uma brincadeira que usei para aliviar a tensão do momento. Mas, sinceramente, não dá. Não é possível forçar a barra para que a linguagem do outro torne-se a sua. Isso demanda um esforço tal que pode provocar imensas feridas na relação afetiva.

A sociedade moderna exige que se reformule a tempo a definição de casamento e de amor. Isso inclui tomar consciência de que homem e mulher não são "um só", assim como rever o conceito de que só existe "um" amor. Sobre isso falaremos mais adiante neste livro, com mais detalhes.

A nossa amiga atrapalhada se esquece tanto de tudo que não consegue lembrar o porquê de sua irritação com o companheiro. Ela tentava recordar, mas a cabeça latejava de problemas: o diretor querendo saber de tudo sobre aquele projeto; o filho insistindo em não querer ir para a colônia de férias; a mãe reclamando que ela havia se esquecido de cumprimentar o terceiro marido da tia pelo aniversário; a empregada que avisara naquela manhã que este era o último mês em sua casa. "Como é mesmo? Eu estava louca da vida com ele, e agora não lembro mais por quê."

Eram tantos os problemas concretos a resolver que ela até esqueceu que estava magoada com o marido porque, três dias antes, ele não se lembrou do aniversário de casamento deles. Na verdade, quase que ela também se esqueceu. Só se lembrou ao receber o e--mail do florista que todo ano decora sua casa nessa data. Quando admitiu isso, ela tirou sarro de si mesma e acabou a greve de sexo com o marido...

Mas é obvio que lembranças tristes da infância podem marcar uma pessoa para a vida toda e fazem parte do "enxoval" que se leva para o casamento, afetando fortemente a autoestima da mulher.

Quando me lembro da minha infância, logo me vem a imagem das surras de cinto que levava. Eu ficava horas de castigo no quarto escuro (que era usado de depósito pela minha tia). Cresci em meio à falta de atenção, de carinho e de diálogo. Sempre que eu falava, mandavam-me ficar quieta, dizendo que eu enchia o saco. Quando bebia, minha mãe costumava dizer que me achara debaixo da ponte. Certa vez, furei o sofá acidentalmente quando brincava com um lápis, então ela me mandou ir embora de casa, e eu tinha só 8 anos. Sempre fui um saco de pancadas. Mesmo assim, apesar de ter sido criada num ambiente pouco acolhedor, procuro ser o oposto dela, uma mãe amorosa e mais paciente.
M.E., 38 anos, funcionária pública

O depoimento acima mostra que, mesmo tendo um retrospecto de maus-tratos, a pessoa pôde buscar ajuda para tentar reverter o quadro, tirando das experiências tristes a força para mudar o presente e construir um futuro melhor para os filhos e netos. Há mulheres com relatos terríveis de violência materna que ficam marcadas de tal maneira que desenvolvem um estado de melancolia crônica.

Outras mulheres, ao contrário, receberam um padrão conciliador da família. E então seguem vida afora tentando ser o protótipo da mulher agregadora, nunca brigando por seus interesses e, pior, muitas vezes nem sequer se dando conta de quais são seus interesses de fato. Entram em pânico quando os filhos maiores brigam, sentindo-se falidas no projeto que idealizaram.

Porém, muitas vezes a mulher, mesmo priorizando sua relação com o companheiro, rejeita relacionar-se com os laços afetivos dele (pais, irmãos, filhos, amigos, netos). Algumas chegam mesmo a plantar esse desprezo na cabeça dos filhos. Quando seguidamente ela se recusa a almoçar com a família dele, visitar ou receber os filhos dele de outro relacionamento ou acompanhá-lo nos encontros com os amigos, ele aos poucos vai se acostumando a fazer esses programas sozinho. E passa a não contar mais com ela no seu dia a dia real e até emocional. Ou seja, ela manipula quanto quer, mas depois se queixa que ele vem se fechando. Ele vai se isolando cada vez mais, e esse estado de separação de interesses começa a se instalar entre o casal de forma insidiosa e, com o tempo, eles se afastam.

A sogra

É questão de sabedoria não entrar em dividida com a sogra. Afinal, além de ser a figura feminina mais importante e antiga da vida dele, ele fala a linguagem dela. Se a esposa valoriza o que conquistaram como família, pode ter certeza de que os méritos da sogra estão ali. Por essa razão, se não for reconhecida, a sogra pode criar um típico relacionamento antagônico entre ambas, com agressões difíceis de engolir. Em geral a sogra se faz presente em excesso, expressa em palavras tudo o que pensa. Mas mesmo que suas interferências sejam invisíveis, quase subliminares, foi ela quem preparou o marido para o casamento, e por isso ela deve ser respeitada. Muitas vezes a causa desse antagonismo da nora está no próprio marido que fez propaganda negativa da mãe, impregnando seu modo de enxergá-la. Por isso, recomenda-se que a mulher escute tudo com bastante cautela, e se possível sem julgamentos, para não ser, no futuro, ela própria a bola da vez. Por essa razão, é preciso respeito por essa figura materna de forte presença e influência permanente.

Dizem que toda sogra é igual, só muda o endereço. Há até quem diga que todas as sogras pensam da mesma maneira, agem igual, interferem em demasia. Mas acredito que isso seja resquício de uma lembrança de como as sogras eram no passado, quase uma caricatura, uma lenda. Na verdade, as de hoje estão mais em consonância com os novos tempos, atualizaram-se, reviram seu papel na sociedade e na família, mantêm outras atividades e interesses e não concentram mais toda a sua atenção nos filhos. As sogras do século XXI estão em busca de criar seu próprio modelo materno, livres dos exemplos impostos do passado. Mas como viemos para este mundo sem manual, tudo se resume a um jogo de tentativa e erro. Se a intenção é sempre a melhor, mesmo que por vezes a mãe dele ultrapasse os limites, vale exercer a tolerância e ajudá-la a encontrar o seu melhor tom e estilo. Com bom humor e paciência tudo se resolve, evitando cicatrizes afetivas desnecessárias.

CAPÍTULO 5

TRAIÇÃO, O VÍRUS AMEAÇADOR

Existem diversos tipos de traição, não apenas a amorosa como somos levados a pensar logo de cara. Ela pode vir tanto de amigos quanto no trabalho ou na família. E em todos os casos é preciso uma reflexão: o que faz que ela aconteça? No ambiente profissional, muitas vezes as pessoas lançam mão de procedimentos nem sempre éticos para conseguir chamar a atenção dos chefes, acelerar um processo de promoção ou até mesmo eliminar concorrentes. E a isso só se combate com duas armas: atenção e capacidade. Quando a traição vem de um amigo ou parente, a coisa costuma ser mais dolorida porque envolve questões afetivas e de confiança. E não há como evitar, a traição sempre nos surpreende. Mas existe sempre um jeito elegante de driblar a questão, sem transformar desnecessariamente coisas banais em dramas existenciais, ou se destruir conjuntamente com a evolução dos fatos.

Não confio em qualquer colega de trabalho, estou sempre prevenida. Um tempo atrás, tive uma estagiária que fez carreira na empresa onde trabalho há quase dez anos. Ela chegou a ser minha assistente e sempre a avaliei como uma ótima profissional e, ao mesmo tempo, como uma amiga. Batíamos longos papos, almoçávamos juntas e eu contava muitas coisas para ela, inclusive do meu casamento. Quando tive que dispensar um funcionário que foi pego desviando verbas, como chefe entrei no computador dele para dar andamento nas pendências. E fui surpreendida ao pegar mensagens entre os dois em que ela falava de mim da maneira mais degradante possível. Dizia que eu era uma vagabunda, louca, promíscua. O oposto da atitude que ela tinha comigo quando conversávamos. Nem adiantou expor o caso para o meu diretor. Ele disse que não iria fazer nada, pois não era a política da empresa interferir nessas situações.

M.A., 33 anos, bioquímica

Sinto-me uma conquistadora de vir para terapia, aqui venho descobrindo assuntos antes escondidos dentro de mim. Sinto-me também vencedora porque hoje posso frequentar o círculo social em que fui criada, mas que por um período da minha vida eu abandonei por me sentir envergonhada. Inventaram muitas histórias que eram mentiras, eu não conseguia mais jogar tênis no clube. A minha melhor amiga e ex-sócia me traiu, espalhando que meu marido foi amante da secretária bem na época que tivemos problemas econômicos. Esse retorno foi uma grande vitória para mim. Hoje sou reconhecida pelas mulheres mais importantes da minha comunidade e, inclusive, recuperei a capacidade de conversar sozinha com outra pessoa, coisa que antes evitava com receio de me expor ou de não conseguir acompanhar, tamanha era minha insegurança. Hoje não preciso mais me preocupar com o número de pessoas com quem falo, não tenho medo de responder a qualquer pergunta e sei que me veem como uma mulher segura. Mas hoje reflito melhor na hora de escolher alguém como amiga.

E., 56 anos, corretora de imóveis

Como podemos sentir nesses depoimentos, questões envolvendo confiança surgem a toda hora e não só no campo das amizades. No ambiente de trabalho, muitas vezes, a relação pessoal se mistura com a profissional e, quando o convívio é de anos, fica difícil avaliar a postura do outro como justa e adequada e a partir da devida distância. Como a autora do primeiro depoimento passava a maior parte do tempo no trabalho, ao lado dos colegas, era complicado separar essas duas áreas para adotar uma atitude mais fria e dentro de limites mais estritos, com critérios somente profissionais. E, como podemos observar nos relatos acima, a surpresa da traição se confunde com a vergonha de ter sido inocente, ingênua, e a raiva por pensar em ajudar os outros. Mas nem sempre a mulher pode ser vista como vítima. Algumas passam por cima de valores pessoais éticos essenciais, ignorando também os valores morais que aprenderam ao longo da vida e, com o objetivo de conquistar cada vez mais, transformam-se em verdadeiras armas. E não resta dúvida de que quem estiver atrapalhando seu caminho corre o risco de ser abatido.

Já sou um engenheiro com bastante estabilidade no mercado. Como meu escritório participa de concorrências públicas, convidei uma amiga de faculdade que também tem um escritório para entrar comigo como parceira de uma grande licitação. Conhecemo-nos há mais de trinta anos e, mesmo ela tendo menos estrutura que eu, poderia me atender em uma parte do projeto. Levei quase dois anos para preparar tudo a fim de concorrer ao tal projeto em que ela entraria com sua parte. Quando tentei elaborar o material para a apresentação, ela passou a me evitar e adiar os encontros. Foi chegando o prazo e, quando fui verificar, ela havia entrado sozinha, sem meu nome como coordenador, junto a outros parceiros. Depois de muito insistir, consegui marcar uma reunião, em que ela se defendeu dizendo que não era assim que havia entendido e que veria a possibilidade de me fazer algum acerto financeiro sobre o que ganhasse, caso vencesse a concorrência. Até agora não estou acreditando...
G., 54 anos, engenheiro

O sentimento de traição pode surgir também quando a mulher busca alguém que a atenda nas áreas de saúde, contábil, jurídica, até mesmo para coisas mais concretas, como a reforma de uma casa. Ao consultar um clínico geral, por exemplo, ela visa a capacidade dele de verificar as mais variadas doenças, a sua orientação ou tratamento, ou ainda um encaminhamento a um especialista com larga experiência em seu problema específico.

Nesse intenso convívio cliente-especialista, estrutura-se um tipo de vínculo que tende a ficar cada vez mais forte, e muitas vezes a paciente chega ao ponto de confiar nele como profissional e como pessoa. Esse tipo de relacionamento envolve o oferecimento de informações com alto conteúdo emocional, explícito ou não, como que em uma doação de ambas as partes. A quebra dessa relação profissional pode ser sentida como uma traição. O especialista que preza esse vínculo valoriza o que lhe está sendo doado e tenta responder da melhor maneira possível. Nas horas de fragilidade, a mulher procura amigos próximos ou distantes, mas nem sempre o que ela espera vai ser atendido. Muitos elementos estarão incluídos nessa confiança, como o desejo de ser ajudada, de ter uma companhia, de ser escutada, de ouvir uma opinião, uma orientação, da disposição de resolver algo com alguém que tem mais competência e uma visão mais clara do seu tema pessoal.

Quanto mais crítico o momento de vida ou a situação específica da mulher, mais valor ela dá àquele vínculo. Relações antigas como as familiares também podem provocar grandes decepções, quando confundem e põem em discussão os valores éticos e morais. Os éticos provêm do mundo interno, da essência íntima da pessoa, de dentro para fora, dependem do contexto, são flexíveis e baseiam-se na sensatez da consciência de cada um. Os valores morais vêm do exterior, da regra que é colocada como uma conduta aceitável por uma sociedade, cultura ou ambiente profissional. Não está baseada no bom-senso, mas no que é delimitado como certo ou errado pelo espaço familiar, social ou profissional.

Aliás, mulheres que passaram por uma decepção com pai, mãe ou irmão, com sócio ou o melhor amigo não se recuperam tão facilmente. Ficam marcas difíceis de resolver, e elas seguem pela vida, tatuadas na emoção. A pessoa pode até usar roupas para ocultar, mas quando se despe desse disfarce, elas estão lá, indeléveis. Esses vínculos são tão fortes, tão parte da vida que, quando quebrados, ameaçam a segurança e deixam cicatrizes.

A pessoa fica em constante estado de alerta, com medo de ser atingida. Enquanto não for bem elaborada e colocada na exata dimensão, a vulnerabilidade pode restringir o potencial criativo e a realização de projetos de alguém que passou por isso.

Uma mulher que chega ao consultório de um terapeuta depois de traída em um relacionamento amoroso, vem com tanta raiva que odeia todos os homens, precisando restabelecer sua confiança não só no gênero masculino como em toda a humanidade. A mulher traída se sente relegada porque idealizou tanto o relacionamento que a traição quebrou-a por inteiro. "Eu não o traí, e ele agora está me traindo." Ou seja, ela justificou para si mesma milhões de motivos para se reprimir a vida toda e agora, quando o marido ultrapassa a cerca, fica com raiva de si mesma por ter-se impedido de fazer o mesmo. As pessoas mais propensas à traição são aquelas muito rígidas. Mas o ódio e o desejo de vingança podem ser aplacados quando ela percebe que, de alguma forma, também desejou outros homens e que também vem sentindo o desejo de experimentar outra relação.

As conquistas nem sempre caminham por valores morais, mas se estão atreladas aos éticos, permitem à mulher utilizar sua autonomia e responsabilidade para lidar com as intercorrências da vida. Isso acontece quando ela avalia o que é importante para si naquele momento, de acordo com a sua consciência. Por isso o trauma de uma traição deve servir como aprendizado, como fator de crescimento, de fortalecimento interior, podendo inclusive ser transformado numa ferramenta útil para a realização dos demais projetos, e nunca para a autodestruição.

Quando o trabalho é o rival do casamento

Até o trabalho pode ser visto como traidor ou objeto da traição. Dependendo de como o casal estabelece a sua dinâmica amorosa, ele e ela criam um ritmo de trocas de carinho e atenção. Se eles mantêm o costume de se falar o tempo todo, aquele jeito de saber sempre onde o outro está e o que está fazendo naquela hora, a duração das chamadas e a pronta resposta às mensagens por celular são computadas, funcionando como se fosse um termômetro. Alguns chegam a guardar indefinidamente esses registros em seus aparelhos móveis, tal qual um banco de dados remoto, verificando o interesse do parceiro como forma de fazer um balanço da atitude do outro ao longo do tempo. Foi-se o tempo em que se ligava para o outro apenas para matar as saudades...

E é aí justamente que o bicho pega... Ela, que sempre foi tão dedicada a ele enquanto estava sem emprego e sem exigências fora a relação, envolvida apenas com o próprio estado de depressão pela baixa produtividade, quando volta ao mercado passa a ser vista como traidora pelo marido ou namorado por se dedicar plenamente ao trabalho e não encontrar tempo para continuar aquela correspondência ao longo do dia.

Ela me mostrou ser uma pessoa carinhosa quando precisava de mim para ocupar seu tempo. Estava meio deprimida. Nos falávamos o dia todo e até o ciúme dela chegava a interferir no que eu mais gostava de fazer: meu futebol. Eu não podia nem ficar sossegado no bar com os amigos. Ela brigava comigo até eu ir embora. Agora... ela nem me atende, diz que está sempre ocupada. Ela me traiu fingindo ser uma mulher meiga e dependente de mim.

F., 29 anos, assistente administrativo

Esse é o caso típico em que o homem vê o trabalho dela como um rival. Já a situação muda completamente quando é ele quem mergulha na vida profissional, porque a mulher, geralmente tolera e até espera esse nível de envolvimento dele. Isso é histórico, um comportamento herdado do passado. Afinal, cabia a ele o papel de provedor da família e, assim, o seu trabalho era sagrado. Por isso até hoje costumam dizer que homem tem mesmo é que trabalhar muito, quanto mais melhor. Já para elas, a tolerância costuma ser bem mais restrita.

Enfim, para ambos é um novo tempo. Nem sempre os dois estão preparados para oferecer o que o outro deseja. Nessa reformulação de paradigmas na sociedade atual, os cuidados e as estratégias são cruciais para a manutenção da relação de amor. Nunca é demais ter em mente que é difícil tolerar a frustração pelo fato de o outro não ser como gostaríamos que fosse.

A mulher também trai

Ter uma vida paralela ao relacionamento oficial. Isso que era uma prerrogativa apenas masculina cada vez mais passa a ser praticado pelas mulheres que não se negam a viver uma existência mais rica em experiências. E com uma vantagem: como esses relacionamentos não se restringem à sexualidade, elas podem vivenciar isso de uma forma muito mais enriquecedora.

A diferença é que, antigamente, era mais comum as mulheres casadas que se apaixonavam separarem-se do marido para viver esse relacionamento. Já os homens sempre viveram esse tipo de relação sem achar que isso fosse motivo para uma separação do casamento oficial e descobriam formas de não precisar abrir mão de ninguém.

Até pela habilidade e pela inteligência com que lida com a situação, os relacionamentos extraconjugais dela têm bem menos impacto no casamento. Muitos são totalmente imperceptíveis para a vida de ambos. Não que ela esteja sendo vulgar ou promíscua, como se sentia (ou era vista) quando mantinha relações com o encanador, o padeiro, o feirante, pessoas de um nível sociocultural bem inferior. A mulher do século XXI está se relacionando com seus pares, com o cara que está trabalhando com ela ou com um amigo do círculo social.

Ela pode não se negar a ter um encontro, um caso, uma outra relação, e até não sentir tanto constrangimento em entrar num motel com um homem que não é seu marido e muito menos flertar com alguém durante as férias ou uma saída com amigos. Inserida no mercado profissional ou não, ela não tem dificuldade em sair para almoçar, inventar uma viagem de negócios, um congresso ou o que for para viver uma experiência sempre que se sentir atraída. Inclusive, hoje vai mesmo realizar trabalhos fora de sua cidade e, de repente, se vê envolvida em um namoro fugaz com alguém que desperte muito interesse.

A mulher agora se permite viver o prazer com homens por quem ela sinta apenas tesão, pura atração física, sem a menor pretensão de envolvimento afetivo, e com habilidade suficiente para administrar essa paixão de ocasião do modo que deseja. Às vezes acontece de ela se confundir, perder o controle e acabar se envolvendo, mesmo que à revelia. Ela termina misturando a atração com paixão e se atrapalha nesse jogo, mas no final sempre consegue dar a volta por cima, porque, como todos sabemos, paixão é coisa boa, mas passa, e quando termina, deixa apenas uma boa lembrança, sem necessidade de dramas, mortos ou feridos. Mas a mulher é bem capaz de levar uma relação por anos e mantê-la com um alto padrão de preenchimento do amor de que necessita para se sentir completa.

A mulher poderosa e conquistadora deste século não segue mais a regra de que primeiro precisa amar para depois ter o desejo sexual saciado, ou seja, viver experiências sob condições ou regras do passado que foram transpondo os séculos, sobretudo nos tempos mais modernos e de costumes mais elásticos. Pelo contrário, ela se sente mais liberada para seguir adiante e não vê por que se reprimir mais. Isso é um avanço, uma verdadeira conquista das mulheres mais poderosas, uma ampliação de suas perspectivas afetivas, ainda que ela precise manter tudo isso bem escondido de todos e, quem sabe, com muita culpa posterior.

Dois não são um

Quando jovens, acreditamos que a força do amor torna possível que duas pessoas transformem-se numa só, "um só coração" como dizem os poetas. No entanto, em primeiro lugar, cada ser humano é uma unidade especial, única, exclusiva, e não há como uma se igualar à outra, tamanhas as características individuais. Segundo, porque não existe só "um amor" ao longo da nossa vida. Assim como não existe um só amigo, parceiro ou sócio, uma única possibilidade de acertar ou únicas chances. A vida se renova e nos oferece novas possibilidades de tudo o tempo inteiro, basta estar atento. No caso da paixão, ela pode ser experimentada várias vezes na vida, e não importa a quilometragem de vivências que se tenha, em todas é atordoante, envolvente, faz a razão enfraquecer e o coração disparar. Ama-se de uma maneira plural em diversas relações, cada uma com suas peculiaridades e características.

Muita coisa vai ocorrer ao longo do tempo, e a mulher de hoje precisa estar preparada para fazer esse percurso da melhor maneira e com os recursos que tiver, aprendendo a tolerar os deslizes não só do parceiro como os dela própria. Caso contrário, a traição adoece tanto o traído quanto o traidor.

A traição é uma atitude, um comportamento. E nós, terapeutas, trabalhamos aspectos da personalidade para identificar, sem julgamento moral, o que leva a pessoa a isso, e não o comportamento em si. Quando estamos perante uma compulsão repetida e exacerbada, um traço mesmo do caráter de uma pessoa, sabemos que esse comportamento merece ser mais bem examinado para verificar se há algum distúrbio ou sintoma mais sério. Só isso. É até aí que vai a nossa alçada.

A traição amorosa tem raiz em sentimentos frequentes como a autoafirmação, a frustração, a busca pela novidade e a raiva, muito ligada à vingança e ao acerto de contas. Claro que existem diversas outras motivações, mas as que cito aqui são as principais e mais costumeiras.

Do ponto de vista das mulheres, elas crescem sabendo que serão traídas pelos homens, então, mesmo que eles não façam nada para suscitar nelas sentimentos de insegurança, muitas ficam neuróticas, cercando e perseguindo o ser amado na certeza de que uma hora o pegarão no flagra. E a regra confirma que muitos homens não se negam a experimentar outros sabores diante de uma possibilidade que se apresente e podem nem sentir culpa por isso. Mulheres com muita segurança que fortalecem a autoestima e a asseguram em seu relacionamento dizem que isso faz parte do masculino, e que casos esporádicos não ameaçam em nada o relacionamento principal. Até podem fazer escândalos e ameaças de rompimento, deixando o homem assustado com seu poder, mas tratam a situação com destreza e recuperam a estabilidade do casamento e da família. E acreditam que, por isso, quem dá importância demais a esses deslizes corre o risco de jogar o companheiro nos braços da outra, às vezes até daquela que era para ser passageira na vida dele.

Por mais que a mulher se veja completamente poderosa, conquistadora e cheia de vaidades por sua posição social, econômica ou profissional, quando é atropelada pela traição se sente desbancada desse poder, ficando vulnerável e insegura, e isso pode afetar até seu emprego ou a estabilidade de toda a sua família. O que conquistou vem por água abaixo juntamente com a enxurrada.

Sei que meu casamento acabou porque eu estava muito distante das minhas obrigações, inclusive mantendo um relacionamento fora de casa. Mas minha mulher pressionava muito, tinha ataques, invadia o meu trabalho ligando a todo momento, e era difícil eu me manter calmo e não deixar que os colegas percebessem o inferno que eu vivia em casa. Afinal, trabalho em uma baia no meio de um salão. A vida pessoal interfere muito no rendimento profissional. Hoje, com minha nova mulher, sou mais feliz, sem o medo constante de escândalos ou cara fechada. É uma paz.
P., 40 anos, gerente administrativo

Com quase 40 anos, decidi investir em um novo casamento. Achei que estava namorando um homem confiável e dedicado e que pode-

ríamos construir uma nova família, então formalizamos tudo para morarmos juntos. Ele era consultor havia vários anos da mesma empresa em que eu trabalhava. Como não tínhamos filhos, decidimos juntos que ter uma criança seria o nosso caminho. Alguns anos depois, certa manhã, enquanto ele estava em uma suposta reunião com a minha diretora, eu os flagrei aos abraços e beijos. Não deu outra, nem aceitei explicações. Descobri que estavam juntos havia meses. E mesmo tendo dois filhos com ele, eu me separei novamente.

B., 42 anos, assistente de diretoria

Durante crises como as aqui relatadas, se em vez de depositar tudo no relacionamento amoroso a mulher resgatasse seus sentimentos com autoelogios e orgulho por tudo o que já conquistou, ela encararia de forma mais leve e serena eventuais escapadelas do companheiro. Adotando valores masculinos para a questão da traição e sentindo na pele que experiências paralelas não são tão ameaçadoras quanto imaginavam as esposas de outras décadas, a mulher de hoje pode não valorizar tanto essa questão, tomar mais fôlego e avaliar-se, considerando sua contribuição para o desgaste do relacionamento. Esta revisão a inclui como mulher e traça o rumo do seu sucesso.

Certas pesquisas mostram que quase 50% das mulheres já "pularam a cerca" (ou "comeram da grama do vizinho") em algum momento da vida amorosa. A justificativa sempre são os problemas de relacionamento, com elas sempre se colocando na posição de vítimas para explicar sua atitude. Agora pergunto: vítima de quem? Dela mesma?

Tenho 39 anos, estou casada há 15 e tenho um filho. Gosto do meu marido, mas é tão legal sair de vez em quando e sentir aquela emoção de estar com alguém que estou conhecendo. Quero ter paixões, alguma energia nova que me faça sair da mesmice. E o mais importante é eu me sentir desejada.

P., 39 anos, gerente comercial

Eu me sinto sozinha muitas vezes, pois meu marido não quer ter uma vida ativa e prazerosa. Quero sair, participar do que está acontecendo, e ele sempre recusa. Já nos acostumamos a que eu saia e ele fique em casa nos fins de semana. Isso sem contar o happy hour da empresa, *que é importante eu frequentar. Uma vez eu o levei num desses encontros e paguei o mico de ter de ir embora, porque até lá ele arrumou encrenca. Tenho um relacionamento esporádico com um colega, que serve para que eu tenha romance de vez em quando. Ele é um bom amigo e me dá várias dicas que uso para me relacionar melhor no trabalho e até na vida em geral.*

D., 32 anos, engenheira

Sim, desde que o mundo é mundo homens e mulheres sempre viveram experiências amorosas paralelas aos seus relacionamentos principais. A história está aí para comprovar, e os jornais mostram que adultérios vivem acontecendo, até mesmo entre políticos respeitados (os Kennedy, por exemplo) e outras pessoas famosas.

Os homens afirmam que quando traem estão buscando apenas sexo, mas sabe-se que o que os atrai é o exercício da sedução, da conquista, a brincadeira e, principalmente, o fato de sentirem-se importantes para uma mulher, escutados por ela, admirados como homens.

Já as mulheres que traem, em geral, admitem que podem se apaixonar. Mas talvez seja também um jeito de justificar a traição, porque no fundo estão buscando o mesmo que os homens nessa situação. Afinal, que mulher não quer se divertir, exercer sua sexualidade, sua sensualidade e ainda ser admirada por alguém do sexo oposto que a atrai?

Existem, é claro, aquelas que se negam a experimentar casos fora do casamento (ou do namoro) e vivem blindadas para experiências paralelas. Não conseguem ou definitivamente não querem ousar, arriscar-se, experimentar contatos fugazes com direito a sexo bom ou mesmo viver um romance em toda a sua plenitude mesmo em absoluto segredo. Acham que não precisam, estão satisfeitas no que sentem, oferecem e recebem. Outras preferem manter platônicos seus desejos por outro homem, não partindo para as vias de fato, ou adiando eternamente essa possibilidade. Criam situações de encontro, com atitudes disfarçadas como necessárias, mas cheias de fantasias com direito a muita adrenalina e sonhos glamorosos. Mas todos são relacionamentos paralelos que enriquecem a vida, trazendo novas cores para a sempre desgastante rotina diária.

Algumas mulheres optam por manter seus casos totalmente em segredo. Com receio de que a coisa se transforme numa bomba-relógio com direito a manchetes e comentários perversos do meio em que vive, não contam nem para as amigas. Com isso, esse amante tem chances de ganhar também o papel de "a melhor amiga e confidente".

Tanto para eles como para elas, esses casos paralelos em geral funcionam como o que explico como um reforço de vacina. Ou seja, a pessoa já foi inoculada pelo amor, mas, com a rotina, as coisas esfriaram dentro de si. Porém, quando ela entra em contato com algo que mexe profundamente consigo, é como se estivesse recebendo a vacina outra vez. Ela volta a ver todas as possibilidades do arco-íris, num mundo paralelo e multicolorido que criou e com os tons da paixão, e por isso mesmo bem distante do mundo real em que precisa habitar, atuar e se desenvolver da melhor maneira. Mas esse novo despertar traz algum risco, porque a pessoa passa a reagir mal à monotonia fria do relacionamento desgastado (namoro ou casamento) e corre o risco de querer abandoná-lo para não se contaminar pela mesmice. Todo cuidado é pouco...

Também é comum que esse homem, que a princípio teria uma função apenas lúdica, entre em um mesmo canal amoroso que ela, e eles abram a possibilidade de viver uma vida paralela satisfatória para ambos e com ingredientes muito ricos. Ele pode se tornar o *coach* dela em determinadas situações, o seu mentor e orientador nos entroncamentos da vida, podendo se transformar no elemento protetor de que em muitos períodos as mulheres tanto precisam. Ou seja, de tão importantes que podem se tornar para uma mulher, relacionamentos paralelos, caso sejam descobertos, podem desestabilizar um casamento.

No entanto, assim como os médicos nunca conseguem saber com toda a certeza se um remédio vai ou não provocar algum efeito colateral no paciente, quando o assunto é o amor, uma vez dada a largada, é impossível estar certo de que dimensão aquilo vai tomar. As respostas dependem de cada indivíduo, e a mulher, com uma menor resistência a insucessos ou rompimentos, pode até ter domínio, mas reage mal quando não consegue conquistar seu intuito. Afinal, ter poder significa exercer influência, mas isso nem sempre implica conquistar todas as posições que desejaria. Quando a coisa não corre da maneira que ela espera, efeitos devastadores de amores não correspondidos têm que ser levados em conta, sem nenhuma possibilidade de serem previstos ou mesmo prevenidos.

Prateleiras arrumadas

Se as prateleiras estão arrumadas, fica mais fácil ter à mão coisas que nos remetem a lugares agradáveis. E coisas agradáveis devem ser expostas, e não trancafiadas em armários fechados. Mesmo que não seja para exposição pública, ter objetos, livros, aparelhos eletrônicos ou fotos que ornem o ambiente nos dá aquela sensação de estar em casa, no nosso canto, torna mais aconchegante o escritório ou outros espaços quando estamos longe de casa.

Uma paciente chegava a levar fotos dos filhos para deixar no espelho do quarto do hotel quando ia trabalhar vários dias longe da família. Uma forma de se recordar, para aplacar a falta que sentia deles. Mas e quando as saudades impedem de trabalhar... ou até de viajar? E quando paralisam o fluxo vital? Pois é, algo está errado nesse sentimento. Ela sofre e não consegue seguir e responder às suas responsabilidades. A vida para. Quando um amor se quebra, é a mesma coisa. As prateleiras deveriam ser suficientemente fortes para comportar o peso de tudo o que se quer, caso contrário se rompem e desmoronam. Se a estrutura emocional é frágil, por mais bonitas e aconchegantes que pareçam, as prateleiras caem, vêm abaixo ao receber mais peso do que podem suportar.

A mulher que entra em um importante relacionamento amoroso além do oficial, a ponto de colocar todo o peso de sua felicidade ali, pode estar em situação de esperar de si mais do que aguenta, caso essa relação não perdure.

Quanto pior vive, quanto mais seu casamento ou namoro é falido e desprovido de alimentos que nutram essa relação, mais faminta a mulher estará de se sentir feliz. Existem relações (não me refiro àquelas fugazes e eminentemente sexuais, e sim às longas e plenas nesse sentido) que fazem a mulher desabrochar, sentir a potência do amor, tão importante para ela. Mulheres contidas, retraídas, embotadas como o botão de uma flor que ainda não desabrochou, transformam-se completamente quando se veem em um relacionamento. Nem dá para acreditar que antes elas não queriam nem tinham disponibilidade para um relacionamento paralelo. Quando as vemos tomadas pelo vulcão da paixão, só podemos deduzir que elas antes sentiam necessidade de que algo parecido acontecesse, pois havia muito tentavam se proteger em seu espaço afetivo reduzido.

Uma nova relação ocupa todos os espaços de realização afetiva, transforma e abre os canais de comunicação da mulher apaixonada. A vida muda, e ela conquista uma energia criativa que a coloca no mundo com todo o seu poder. Esse poder em potencial estava ali, dentro dela, mas a mulher ainda era incapaz de entrar em contato direto com ele. Agora sim, feliz, apaixonada e correspondida, ela se sente uma nova mulher, alguém que ela própria desconhecia.

Aí, após algum tempo, a dificuldade de estar continuamente gerenciando suas duas vidas paralelas pode iniciar um desgaste nas vigas que suportam suas prateleiras emocionais. Elas começam a ruir e tornar complicados os encontros com esse namorado/amante. Ela e suas prateleiras vão envergando com o peso, e o que era para ser um conto de fadas precioso e eterno, para cada um viver em seu ambiente íntimo, começa a se mostrar inviável.

A dúvida que paira na hora de começar ou manter um relacionamento é se vale a pena tanto risco e investimento. Vale enfeitar a casa quando ela já está se deteriorando? Vale colocar quadros e flores? E as molduras e fotos, elas conseguirão revitalizar as lembranças?

Para responder tudo isso, precisamos de um medidor inexistente no mercado. Ou então conhecer a fundo e absolutamente todos os riscos com relação às vacinas. Conhecer-se bem e profundamente pode ajudar, mas a resposta mais certeira é: "Quando o sofrimento é maior que o prazer, o amor é patológico".

Mas a mulher que sabe administrar isso com inteligência e sabedoria, e usa de toda logística para manter aquele segredo bem guardado, pode descobrir e desfrutar de uma vida bastante diferente, enriquecedora e satisfatória, ainda que limitada a breves períodos ou encontros sistemáticos, mas de curta duração. É como um tempo de recreio que ela se permite desfrutar e que não faz mal a ninguém.

Muitas mulheres adotam esse estilo de vida que não carece de julgamento, afinal adquiriram o direito de decidir o que é o melhor para si. Emendam viagens, arrumam "compromissos", dando todos os indícios para a família e o marido de que algo está acontecendo, mas ninguém ousa perguntar. Elas são capazes de conciliar isso tudo de forma harmônica e inteligente, e ninguém sai magoado. Afinal todos sabem, ainda que inconscientemente, que é um ciclo e que vai passar. E um belo dia elas voltam à velha rotina como se nada tivesse acontecido, porém renovadas e mais ricas interiormente. Não é preciso drama, confissões, nada. Trata-se apenas de viver o que a vida oferece e, sobretudo, de colocar cada um de seus amores em seus devidos lugares. As tais prateleiras arrumadas.

Vingança, revanche e confiança

As competições na vida existem, e o problema é quando elas deixam cicatrizes emocionais relacionadas à culpa ou à derrota. Quem obtém algo que deseja se sente recompensado. Mas, quando isso significa a destruição de quem estiver no caminho, a coisa muda de figura e gera consequências.

Digo isso porque há mulheres que se sentem tão atingidas quando perdem, principalmente para outras, que criam uma única meta: a revanche. Alimentam um ódio por esse estado de perder o que julgavam ser seu (muitas vezes é um homem, embalado em um namoro ou casamento) e levam a vida tentando aniquilar o homem, mesmo que ele já esteja vivendo outra vida, bem longe delas. "Vou acabar com ele" é o seu lema.

Não é preciso raciocinar muito para perceber que uma mulher nesse estado, movida pela raiva e pelo ódio, fica incapaz de acessar seu potencial amoroso. Por mais que tente mostrar para o mundo que é educada, atenciosa, eficiente ou dedicada, se o seu projeto inclui uma destruição, ela toda (ou em parte) estará conectada com isso.

Qualquer competição envolve duas etapas prévias: avaliação e comparação. Na primeira, a atitude é analisar ela própria como está, qual seu nível de preparo e sua capacidade real de performance para obter algo que quer atingir com seu poder ou sua habilidade. Já a comparação envolve o outro, e isso é bem complicado. Como avaliar totalmente alguém que tem um universo inteiro dentro de si e que envolve tanto o seu passado quanto o que está acontecendo em sua vida naquele momento? Alguém que pensa coisas e não fala? Ou que fala, mas não diz tudo? Que mostra exteriormente, seja pelo físico, seja pelo comportamento, um jeito de ser que dificulta nossa avaliação? É claro que se comparar a alguém compreende uma grande margem de erro.

Certa vez, durante um *workshop* exclusivamente feminino, pedi que as participantes vivenciassem um jogo que lhes permitiria entrar em contato com a segurança e a confiabilidade de umas com as outras. A ideia era que pudessem trabalhar com sua capacidade de se entregar e aprender com outras mulheres. Era uma oportunidade inusitada para elas desenvolverem seu poder avaliando, comparando e integrando-se entre si. Eu pedia que elas vedassem os olhos e deixassem que outras as guiassem em um espaço aberto e de superfície irregular, uma pequena colina, gramada com vegetação esparsa. Porém, findo o exercício, bem quando íamos partir para o relato das experiências sobre o que haviam percebido de si e das outras, todas elas estavam mais interessadas em saber como a dinâmica tinha sido com os homens, que fizeram um *workshop* separadamente. E perguntavam: "E eles, como fizeram esse trabalho? Como eles se portaram? O que eles falaram?". Ou seja, as mulheres estão sempre mais interessadas neles, e no que eles pensam, do que nelas próprias ou nas outras mulheres.

A forma como rege ao sentir-se traída em uma relação amorosa dependerá se o outro for uma meta ou um complemento. Se for uma meta, a mulher corre o risco de atingi-la, porém mantendo-a do lado de fora dela, sem que a experiência a amplie. Se for um complemento, esse homem passa a integrar a sua essência juntamente com todos os seus outros aspectos vitais para uma conquista maior, que é viver a vida com felicidade, pois agrega valor ao que ela é.

As mulheres se queixam muito das outras pela rivalidade que se instala entre elas. Competem o tempo todo, além de desconfiarem muito umas das outras. Quando ela aprende mais de si e do mundo feminino, seja por uma autoavaliação, seja por comparação com outras mulheres, ela congrega suas forças para construir esse universo mais harmonioso em que se instalam suas conquistas. Não precisa aniquilar ninguém, homem ou mulher, pois estará complementando-se com a sua vivência.

CAPÍTULO 6

A SOLIDÃO FEMININA: DILEMAS

Certa vez, quando ainda menino, o futuro rabino Horowitz (conhecido vidente que promovia curas no século XI) foi flagrado pelo pai rezando na floresta, e este lhe perguntou por que desperdiçava o seu tempo ali. Ele respondeu que estava à procura do Divino. Ao que o pai retrucou: "Mas Ele não está em todas as partes? Não é o mesmo em qualquer lugar?". E então o garoto respondeu: "Ele, sim, é. Mas eu não sou". Assim, já em tenra idade, ele dava claros sinais de que seria um grande pensador.

O tempo passou e, segundo as descrições de Elie Wiesel, escritor e ganhador do Prêmio Nobel da Paz em 1986, o menino Horowitz transformou-se num homem alto, robusto, belo e carismático, com uma aura de realeza entre seus alunos. Raramente comia em público, mas fazia questão de servir pessoalmente suas melhores iguarias aos mendigos e miseráveis.

Era um homem melancólico, muito triste, mas, como mestre do judaísmo, lutava contra a melancolia e tentava bani-la de si, uma vez que a rotulava de "o maior dos pecados". Dizia que via muita dor e sofrimento, individual e coletivo, no passado, no presente e no futuro. Dia após dia, ele ouvia pessoas e seus infortúnios e, como partilhava de seus sofrimentos, assumia esses sentimentos negativos como seus e depois constatava: "Estranho, as pessoas chegam tristes e saem felizes... e eu fico com minha tristeza, que arde como uma bola de fogo".

Uma de suas frases mais famosas é: "Você sabe qual o verdadeiro pecado que nossos antepassados cometeram quando viviam no deserto? Não foi o seu comportamento rebelde, mas sua constante melancolia".

Introduzo este capítulo citando esse sábio rabino para mostrar que, se a vida nos conduz a algumas passagens mais difíceis de transpor e a tristeza é inevitável, é nossa opção, depois de certo tempo, continuar ou não mantendo em nós esse estado de melancolia. Lembre-se: tudo em nossa vida é questão de escolha. Um dos sentimentos que mais angustiam o ser humano é o medo da solidão, mas talvez ela não seja assim tão má. Quando procuramos a origem desse termo, observamos que ele vem do latim *solitúdo*, que significa "retiro", "desamparo", "abandono". Como substantivo, significa "o estado de quem se sente só" e também "isolamento". É sabido que sentir solidão não coincide com estarmos sozinhos, uma coisa não pressupõe a outra. Há pessoas rodeadas de gente que estão sós, sem ter com quem compartilhar o que sentem ou pensam, e outras sozinhas que levam uma vida extremamente integrada e nutrida com suas realizações.

A vida contemporânea é tão corrida e nos solicita tanto que, convenhamos, quantas e quantas vezes você já não se deparou desejando se isolar para colocar as ideias em ordem? O ser humano é um ser social, vive cercado de gente a maior parte do tempo, busca companhia, precisa falar, ser ouvido, sentir-se integrado e mesmo tocado em alguns momentos. Mas isso não significa que ele não precise de períodos de isolamento para refletir, planejar, relaxar.

Mesmo sabendo disso, até mulheres poderosas que se tornaram conquistadoras entram em pânico só de se imaginar solitárias num futuro próximo, morrem de medo de se sentir carentes, sem um homem para as apoiar. Algumas mantêm certas amizades que não lhes dizem nada, outras se submetem a baladas com amigas de quem não gostam muito, recebem em sua roda mais íntima gente que não tem nada a ver com seus valores, e há as que adiam terminar relacionamentos que não lhes fazem bem só pelo receio de ficar sozinha. Quantas mulheres, algumas até famosas, não conhecemos que ficam com homens que não têm nada a ver só pelo medo de entrar desacompanhada numa festa, encarar uma viagem apenas ao lado da mãe ou de amigos(as) ou ter de assumir publicamente que está sem namorado? Mas que medo é esse de ficar em contato consigo própria? Por que não assumir a solidão em seu sentido mais nobre que é o do "retiro", em vez de dar espaço para sentimentos de "desamparo" e "abandono"? Será que manter relacionamentos com mais problemas do que conquistas é tão melhor assim do que se permitir ficar só? Sinceramente, como terapeuta, eu acredito que não. Trata-se apenas de um preconceito que faz a mulher se abster da experiência de viver bem consigo própria e que pode ser transformador. Quando se recusa a ficar só, a pessoa deixa de pensar no presente, no agora, na não repetição de velhos hábitos e de se permitir experimentar.

Ao mesmo tempo, ao dedicar cada vez mais espaço à carreira, algumas mulheres sentem certa incompetência afetiva que as angustia. São capazes de investir na vida, no mercado financeiro e fazer patrimônio tanto quanto os homens, mas se veem falidas quando chega a hora de fazer o balanço afetivo. O melhor antídoto para esse sentimento autodestrutivo é pensar: "Que poder eu tenho? Onde está ele? De que forma eu o estou usando?". A isso se chama tomar posse de sua vida.

A solidão que aparece a partir da vida profissional se configura sempre quando a mulher não encontra em si mesma a realização em consonância com a sua identidade feminina. Se ela se afasta demasiadamente de sua sensibilidade, passa a ter uma atitude eminentemente prática e objetiva para com o mundo. Tudo que faz leva a algum resultado que diretamente reverte para o ganho financeiro ou o crescimento na carreira. O espaço para o desenvolvimento pessoal e humano e a consequente capacidade de vislumbrar e reconhecer suas próprias emoções se tornam cada vez mais reduzidos. E, quando vai ver, ela não encontra ressonância com o que almejava para se realizar como mulher. E verifica, triste, que se distanciou demais daqueles anseios.

Felicidade virtual

Algumas mulheres passam a vida sem plantar e regar seus sonhos, fazendo tudo sem muita convicção, apostando que vão encontrar alguém que as preencha afetivamente. É como se vivessem dopadas, acreditando num futuro em que um cavaleiro montado num belo cavalo as salvará da vida medíocre que levam. Outras alimentam seu universo fantasioso entretendo-se com diálogos irreais com homens tão solitários quanto elas em bate-papos na internet ou nas redes sociais, sem perceber que estão lidando com a imagem do que o outro gostaria de ser, e não com o que efetivamente é. Nesse tipo de relacionamento, elas também não se mostram por inteiro, então se instaura um jogo de mentiras oportunas que interessa a ambos os lados, mas que ocupa o tempo das pessoas. Na verdade, é tudo o jogo da ilusão, uma brincadeira de estar apaixonado, e o tempo passa sem que elas construam de fato qualquer coisa que possa minimamente ser chamada de relacionamento. E quando a ficha cai, vem a depressão, a sensação de estar completamente vazia.

Tenho um amor virtual, nos falamos todos os dias por telefone ou pelo MSN. Gosto muito dele. Ele também diz que gosta muito de mim e que tem planos para nós, como viagens. Até já falou em filhos. Ele diz que a vida dele é solitária e que, apesar de realizado financeiramente, lhe falta um grande amor. Ele tem 38 anos (é separado há 7) e eu, 22. Ele fala que vem me fazer uma visita, diz querer mais que um simples namoro, quer alguém para a vida toda. Eu também procuro isso para mim... Sabe, doutor, acho estranho um homem tão maduro se envolver assim. Agora, pergunto ao senhor: é possível isso dar certo? E o que sentimos um pelo outro é de verdade, mesmo sem contato físico?
 P., 22 anos

Minha resposta ao caso acima foi muito simples: "*Se você não o conhece, certamente já se perguntou isso mil vezes. Mas minha opinião é: claro que não!*" Não se constrói algo sem um convívio anterior, sem se terem olhado, saído juntos, se tocado, conhecido como é o caráter, a educação, o modo de viver, muito menos quando a ideia é casar e ter filhos.

Sem uma base concreta, isso provavelmente não passa de um grande sonho recheado de palavras escritas, que podem surgir das fantasias de encontrar um príncipe ou uma princesa. Mas, lembre-se, ele pode ser um sapo camuflado.

O espaço virtual não facilita a interação real entre as pessoas; as conversas ou as mensagens servem apenas como ponto de contato, mesmo assim muitas podem se acomodar nesse perfil de relacionamento. Como muitas empresas não liberam o uso da internet para fins pessoais, tem muita gente que faz o que precisa cumprir no trabalho – o que consome grande parte do dia – e não vê a hora de chegar em casa para se suprir de um meio que não serve para aproximar realmente ninguém.

A mulher do depoimento acima está envolvida em uma fantasia recheada de palavras e imagens. Com esse homem faz projeções na comunicação as quais, num primeiro momento, podem ressaltar quão imatura ela é. Ela é jovem e acredita no que um homem diz a ela, criando um enredo complementar à história que ela compõe na cabeça. Associa os dizeres dele às imagens que tem dentro de si e idealiza um amor que, imagina, pode dar certo. Mas será mesmo que é somente a pouca idade que a leva a criar tudo isso?

> Quantas historinhas de felicidade você também não compôs assim que encontrou alguém na sua vida?

A mulher cresce impregnada pelas histórias de amor que dão certo, desde as fábulas infantis aos filmes, aos seriados e às telenovelas que se repetem, estimulando as crenças desse tipo. O *script* do homem que diz certas coisas com frases infalíveis e enfeitadas, capazes de conquistar as donzelas ou jovens parecidas com ela, a leva a sonhar muito. A mais desavisada se envolve no diálogo virtual e, sem que perceba, está enfeitiçada por aquilo tudo.

Como falei, a internet facilita conhecer pessoas, propicia encontros, ajuda a manter relacionamentos por períodos mais longos e se constitui, de fato, numa das grandes invenções do mundo moderno. Mas é importante não perder a conexão com o mundo real. O suporte que a rede nos dá para diminuir distâncias e permitir a socialização por meio de nossa conexão com os outros é valioso e ampliador. Contudo, a internet se vale somente da comunicação escrita ou oral (através dos microfones) e até visual (com o emprego da *webcam*) se for o caso. Por esse meio, tudo o que temos para expressar e captar se reduz a isso. Bem diferente do contato pessoal, que envolve conhecer o cheiro de uma pessoa, o jeito como ela olha, se movimenta, se expressa, seu sotaque, o linguajar, uso de gírias, enfim, todo o universo que significa tomar contato com uma pessoa de carne e osso. Positivamente, conhecer alguém pela internet nos deixa muito aquém de poder exercer nossa capacidade total de percepção como seres humanos.

Chamamos de projeção quando alguém usa de seu material psicológico, suas vivências emocionais, e coloca isso tudo no outro, pela semelhança ou diferença. Ela vê à sua frente o que tem dentro de si, e não o que está à sua vista. Faz uma associação sem perceber que o que vê não é o outro, mas a imagem que tem dentro de si. Mais virtual que isso não existe!

A verdade é que projeções não dependem da idade nem da falta de experiência. Muitas mulheres que conheço, mesmo mais maduras, veem um outro que querem ver e se apaixonam, até para ser feliz, ou infeliz também...

A solidão cria doenças

Algumas pesquisas comprovam que pessoas muito isoladas socialmente têm mais chances de desenvolver sentimentos negativos. Pela minha experiência, posso afirmar que os homens têm mais tendência de se isolar, enquanto a maioria das mulheres procura manter vínculos diversos com redes amplas de contatos. Basta perguntar para os homens após certa idade: "Quem é seu melhor amigo?", e a maior parte deles dirá: "Meu melhor amigo é a minha mulher". Já quando se faz essa mesma pergunta para as mulheres, elas respondem: "Meu melhor amigo é a minha irmã", ou "É minha amiga fulana de tal", ou "Minha mãe".

Em um congresso recente da International Association of Group Psychotherapy and Group Processes, o professor Carlos Sluzki, da George Mason University, de Washington, nos Estados Unidos, ressaltou a importância do suporte social e sua relação direta com a saúde. Disse que a rede social de uma pessoa pode ser estável, mas precisa estar em constante evolução interpessoal, constituída por familiares próximos e distantes, amigos, colegas de trabalho e estudos. Essa rede social bem tramada é um dispositivo fundamental da identidade, da história e do bem-estar do indivíduo. Contudo, tanto com uma rede fraca (com apenas uma pessoa importante) quanto com uma forte (com mais pessoas), as mulheres sobrevivem mais que os homens; e quanto maior o seu número de relacionamentos, melhor o índice de sobrevida. Também há provas estatísticas de que pessoas isoladas correm mais riscos de se suicidar ou de contrair doenças bastante complicadas.

Outro estudo nos esclarece que mulheres que receberam medicação para tratar câncer de mama com acompanhamento de profissionais tiveram sensíveis melhoras quando comparadas com um grupo de controle que recebia somente a medicação sem esse acompanhamento ou contato humano mais constante. Sabe-se que uma atividade psicoterapêutica em grupo promove a aceitação, a coesão interna, o aprendizado baseado em relações interpessoais, a universalidade, o altruísmo e o desenvolvimento de técnicas de socialização. Tudo isso corrobora a comprovada superioridade feminina em administrar seus relacionamentos de maneira a se defender e se prevenir da solidão e os vários sintomas desta. É por causa dessa maior facilidade que vemos as mulheres se safar de traumas triviais até os mais devastadores, dando a volta por cima, com ou sem a ajuda especializada de um profissional. A medicina já provou que uma rede social forte está relacionada com a recuperação de doenças. Quanto mais solitária a pessoa for, menos imunidade para vírus ela terá, com menos anticorpos. Por essa razão, como psicoterapeuta, além de médico psiquiatra, a minha função é sempre estimular as pessoas a manterem sólidas redes sociais, orientando-as em como fazer isso. Esse caminho é sempre revisto nas psicoterapias, pois a solidão por si só pode acarretar várias moléstias físicas ou psíquicas.

É impressionante quanto as pessoas se isolam voluntariamente, fugindo de contatos mais próximos. Por outro lado, é comum nos sentirmos anônimos, desconhecidos, sem "nome" quando estamos vivendo ou passando uma temporada em lugares desconhecidos. Já morar em uma cidade grande traz para alguns uma sensação boa de liberdade, enquanto para outros a sensação é de medo.

Então eu me pergunto: será que a predisposição para a sociabilidade é uma característica genética das mulheres, o que as "vacinaria" contra a solidão e a depressão? Será que a família de origem tem influência sobre isso? Seria coisa da natureza humana ou teria mais a ver com a educação? Gêmeos criados separadamente, mesmo vivendo afastados, têm comportamentos muito parecidos, e quando criados juntos são mais parecidos ainda. Isso é reversível? Ou seja, é possível ser estimulado a ter amigos e manter as amizades? É sempre a sociedade, ou o meio que leva o indivíduo a isso?

Pela minha perspectiva, quanto mais relações sociais as mulheres têm, mais conseguem construir um mundo para si que as complete. A personalidade é construída a partir dos elementos que cada mulher tem à sua disposição, e concorrem para isso o ambiente em que ela foi educada, as interações que ela teve ao longo da vida, os dotes genéticos que herdou e, provavelmente, o aparato espiritual que recebeu ou desenvolve. A psiquiatria moderna engloba como constituintes dos estados mentais o aspecto biopsicossocial mais o espiritual.

Questões das mais variadas ordens podem levar ao autoisolamento. Vão desde motivações concretas, externas, como as dificuldades econômicas, passando pelas oportunidades na vida e predisposição individual. E quem dificulta ou facilita a expansão do Ser do ponto de vista relacional é o tipo de laço familiar ou ambiente social em que ela vive.

Portanto, quando avaliamos as condições para que apareçam certos elementos na vida da mulher, como a solidão, por exemplo, podemos imaginar que, se ela entrar em contato com suas lacunas emocionais advindas dos vários elementos que a integram, terá mais instrumentos para realizar as transformações que lhe fariam bem. Um trabalho psicoterapêutico adequado lhe dará essa chance de buscar outros caminhos a serem iluminados para o seu percurso. A reformulação a partir do que é a sua essência como mulher oferece a ela possibilidades de se ancorar em elementos próprios relacionados ao seu feminino.

E. acaba de completar 50 anos. Nunca teve problema algum com relação a essas idades redondas. Admite que esteja um pouco gorda e sabe que isso tem a ver com a idade. Tinha um manequim dois números abaixo enquanto os dois filhos cresciam. Mantinha-se ocupada cuidando deles sozinha, pois após o divórcio o pai mudou-se para outro país. Está divorciada há dez anos e esses filhos ainda moram com ela. Sempre conviveram muito bem, quase "uma família comercial de margarina", não fosse a falta da voz de um homem em casa.

Ela se formou em direito, depois em psicologia e se especializou em mediação de conflitos de empresas familiares. Foi diminuindo essa atividade profissional ao iniciar outra mais prazerosa: joias. Nos últimos dez anos, frequentou duas oficinas e se aperfeiçoou cada vez mais nisso, fazendo algumas exposições juntamente com os professores e colegas. Porém, não se empenhava em vender as suas peças, preferindo oferecer de presente para conhecidos e ficando com o restante.

Há alguns anos, faleceu o professor de um desses ateliês, o grupo se dispersou, mas E. ainda podia seguir com o outro. Por um período, pôde se dedicar mais a essa atividade, comparecendo ao ateliê até cinco vezes por semana, e esse convívio preenchia o seu tempo. Mas esse professor casou-se, foi morar fora, o grupo se diluiu e o contato foi se perdendo.

Passou a se consultar comigo, por indicação de sua ginecologista preocupada com tantas e variadas ocorrências clínicas (labirintite, dores lombares, artrite, uma moléstia ocular rara). Quando teve um quadro de sinusite sério, ficou sem sair de casa, "largada" na cama por semanas. Nunca teve doenças e estava desesperada.

Dá para perceber a capacidade dessa mulher em vencer obstáculos, criar novos rumos para seu crescimento intelectual e desenvolver suas habilidades. Ultrapassando suas perdas, ela construiu outros canais geradores de prazer e confirmação que denotam sua possibilidade de reverter quando os ventos vêm em sentido contrário. Teve seu momento para a realização profissional ao mesmo tempo que cuidou para que pudesse ter outros ramos de satisfação para se completar.

Porém, nada é totalmente seguro e matemático. Se as fontes de alimentação se reduzem e ela não as consegue repor, esgota-se e perde seu poder de trabalhar com as perdas. A fatalidade entra aí também como fator imponderável. Às vezes, o que já foi conquistado vai embora, todo o investimento em atividades ou pessoas se desmancha, e assim a vida prega mais uma de suas peças.

O exemplo dessa mulher nos prova que não podemos nunca nos acomodar, pois é preciso ininterruptamente exercitar o conhecimento interior. Só ele é capaz de nos levar à sabedoria de lidar com as ferramentas certas para sair da apatia que pode surgir quando os acontecimentos nos surpreendem. E a vida, ela não é uma caixinha de surpresas?

Desvantagem numérica

Muitas mulheres, para fugir da solidão, sonham em encontrar um parceiro, mas isso não é tão simples assim, pois comprovo com meus estudos e observações que existem mais mulheres que homens, não há como negar isso. No Brasil, o número de mulheres solteiras, separadas e viúvas supera o de homens nas mesmas condições. E em várias partes do mundo a situação se repete. Quanto mais a mulher amadurece, menos chance tem de encontrar um parceiro. Com o homem é diferente: o número dos que estão sozinhos chega a diminuir na passagem dos 40 para os 50 anos – e se mantém estável até por volta dos 60. E como estatisticamente está provado que a mulher vive mais que os homens, é claro que falta homem maduro na praça.

Outras razões contribuem para aumentar o percentual de mulheres sozinhas. Percebo que homens, sobretudo os maduros, tendem a procurar mulheres mais jovens do que eles para se casar, talvez porque identifiquem nelas uma dedicação maior ao seu feminino. Já as mulheres maduras podem estar concentradas em projetos pessoais mais ligados aos filhos e netos ou acabam se tornando emocionalmente dependentes deles em excesso, dando-lhes pouca liberdade e o que chamam de "espaço livre". As mulheres maduras em geral prendem-se a outros critérios e buscam homens mais bem-sucedidos e mais "inteligentes" do que elas. Preferem que tenham a mesma idade ou sejam mais velhos, mas, com o avanço do tempo, passam a aceitar os mais novos.

Levantamento do IBGE (Instituto Brasileiro de Geografia e Estatística) nos revela que as mulheres sozinhas, sejam elas solteiras, separadas ou viúvas, têm melhor situação socioeconômica do que os homens desacompanhados, o que dificulta a procura empreendida por elas, pois o universo de homens disponíveis sob essas condições é menor. E é fácil entender que o nível de exigência feminina na busca de um parceiro aumente na mesma proporção em que cresce a sua autonomia. Elas querem um companheiro e fazem essa escolha baseadas em critérios relacionados à similaridade dos hábitos socioculturais e à disponibilidade para um relacionamento mais completo. Até porque, hoje, a mulher produtiva não precisa se realizar em um casamento ou uma relação formalizada. Parece até que elas nem têm tanto tempo para isso. Segundo a mulher madura de hoje, um relacionamento mais completo e satisfatório tem a ver com a dedicação que o homem tem para com ela, simples assim.

Ao aceitar ser amante dele, prometi para mim mesma que não me envolveria emocionalmente, que manteria tudo sob controle, aproveitando apenas tudo de bom que o relacionamento poderia me dar. Santa ingenuidade. Mesmo madura e experiente, não avaliei os riscos e acabei me apaixonando. Estou vivendo há um tempão nessa condição precária de amante, toda cheia de limitações e também de dependência afetiva. Só posso estar com ele nos dias de semana ou quando a mulher dele viaja. Quando quero apenas ouvir sua voz, tenho que me contentar com os recados que ele me deixa no celular. Nessa etapa da vida, não foi isso que imaginei para mim. O pior foi quando me peguei alongando o papo com um cara de telemarketing que tentava me vender uma assinatura. Confundi com a voz dele, pensando que era uma maneira codificada de ele se comunicar comigo sem que a esposa percebesse.
     O., 38 anos, analista de sistemas

Bom, em vista dos números, não há o que discutir: ou as mulheres aceitam compartilhar seus homens com outras, ou aprendem a valorizar o homem possível (com todas as suas qualidades e defeitos), ou devem urgentemente buscar outras fontes de realização além da afetiva, abrindo o foco de sua própria felicidade.

O jogo do bem-me-quer

Infelizmente, muitas mulheres ainda fazem da sua vida o jogo do bem-me-quer, aquele em que o homem é quem decide se gosta e se quer ficar com ela, delegando ao outro também o poder e a responsabilidade por sua vida. Se parassem de dar importância às suas imperfeições e passassem a valorizar seus pontos fortes, elas deixariam os homens aos seus pés. Basta se interessar pela ideia de ser autêntica e expressiva. Dessa forma, toda mulher torna-se irresistível, sobretudo se é de fato legítimo o seu desejo de assumir um compromisso com um estilo de vida melhor.

Isso compreende eliminar de vez pensamentos negativos e deixar de apostar as pecinhas do jogo com o homem no qual ora faz os movimentos da preterida, ora da preferida, da boazinha ou daquela que se impõe, a que se faz presente ou a invisível, a que cuida mas não é cuidada. Isso não é viver intensamente, é apenas fazer interminavelmente o jogo do bem-me-quer, sem nunca se permitir o direito de ser autêntica.

Esses são sentimentos vividos de forma repetida, crônica mesmo, por mulheres que não se valorizam. Quem vê o marido/namorado como Deus pensa que precisa ser uma deusa para ser digna de estar ao lado dele. Como isso é impossível, ela sente constantemente que está aquém do que deveria ser e se frustra com isso. Esse sentimento de não ser mais a preferida, de ser sempre preterida pelos homens-deuses e por mulheres que ela julga mais interessantes é autodestruidor, avassalador, massacrante do ego e da autoestima.

Ser "boazinha" é uma forma de se proteger, de buscar admiração. Mas a boazinha sempre paga um preço, o de abrir mão do que deseja realmente e ficar sempre em falta consigo própria.

Mas, atenção, aquela que faz tudo pelos outros uma hora vai cobrar por isso. E em geral essa cobrança é feita por meio de promissórias de chantagem emocional do tipo "Eu fiz tudo por você", "Dediquei minha vida inteira aos filhos", "Passei tantas noites trabalhando pela empresa", e por aí afora. É como uma bomba-relógio: mulheres boazinhas demais são um perigo para si e para os que a rodeiam, cuidado!

Já aquela que se julga "invisível" para os homens precisa começar aprender a se ver com olhos mais brandos, com os olhos do reconhecimento, do autoelogio, da satisfação consigo própria por tudo o que é e conquistou. Quando ela enxergar em si elementos elogiáveis e se orgulhar por eles, o mundo todo também os verá, e isso inclui os homens em geral. Aí então ela estará pronta para reconhecer no olhar do outro os mesmos sentimentos positivos que detectou dentro de si.

Finalmente, cuidar dos outros é muito bom, faz parte da essência feminina, e ela se sente bem em fazê-lo, seja com o marido, o namorado, filhos, pais, amigos, trabalhos voluntários ou no emprego. Mas quando a mulher exagera na dose, o mundo passa a sugá-la de tal forma que ela se esquece de si. Por isso, cuidar dos outros é bom, mas é preciso sempre ter clara a fronteira que delimita o espaço individual. Quando a mulher exagera na dose, corre o risco de perder a vitalidade que a torna capaz de ajudar os demais e, pior, de cuidar de si própria.

A família como refúgio da solidão

Quando as regras são duras demais e a mulher não vê significado no trabalho nem um propósito maior para se empenhar e buscar crescer profissionalmente, muitas vezes ela joga a toalha e se volta para a casa e a família, buscando refúgio.

Existem mulheres que, em algum momento da vida, optam por não trabalhar fora de casa, em uma carreira ou uma profissão que exija muito dela. Jogam todas as suas expectativas no marido e nos filhos, fazendo da família a sua ilha de segurança e apoio; quando por alguma razão esse relacionamento entra em crise, sentem-se completamente perdidas dentro dos vínculos familiares. Algumas chegam até a inventar histórias de que o marido proibia isso ou aquilo para justificarem suas escolhas anteriores.

Essas mulheres em geral são aquelas que sempre se julgaram as melhores mães, as melhores esposas, as melhores avós. Há algumas, sobretudo as mais velhas, cujo único assunto é a família. São olhadas com desdém e enfado pelas outras que não estão nessa vibração, principalmente as que têm uma carreira profissional. Suas frases começam sempre com "O meu filho isso", "Minha neta aquilo"... Ou seja, em algum ponto do caminho essas mulheres perderam-se de si, desistiram daquele projeto de conquistas que traçaram quando ainda jovens. Parece que não têm vida própria, nada para contar ou discutir além do que andam fazendo os filhos e netos. É só dar-lhes uma brecha e elas começam a listar as gracinhas das crianças, as conquistas dos filhos, os problemas com as noras, o sucesso dos genros, numa ladainha que jamais se modifica e que parece não ter fim.

Passam-se os anos e, toda vez que cruzamos com elas, o *script* é o mesmo. Fulaninha que adoeceu, fulano que está mal de dinheiro, sicrana que foi traída. É como se elas tivessem passado uma borracha em seu passado de realizações e estivessem de olhos absolutamente fechados para planos e o futuro que não os relacionados aos vínculos familiares.

Por outro lado, algo que tem ocorrido com frequência cada vez maior é o importante papel da mulher nos trabalhos comunitários, como em ONGs e sociedades beneficentes. Cada vez mais também as mulheres mais maduras passam a ter importante papel como acompanhantes dos mais velhos da família quando estes ficam mais frágeis, ou mesmo como educadoras de netos em substituição das mães e dos pais cada vez mais ausentes devido ao trabalho. Essas mulheres nutrem o contexto familiar, transmitem valores e, ao mesmo tempo, suprem-se por meio desses relacionamentos e dessas funções, fazendo disso um sentido para suas vidas, uma forma muito particular de conquistar sua realização pessoal.

Desde que não vivam no papel de mártires ou sofredoras convictas, recursos como esses são bem interessantes para estabelecer uma maior socialização com atividade e, por consequência, uma forma sadia e produtiva de lidar com a solidão. E não há dúvida de que essa mulher, ainda que madura, não deixe jamais de preservar a conexão com o seu feminino, principalmente priorizando um possível relacionamento mulher-homem que as nutrirá, ao mesmo tempo alimentando todos aqueles que tenham o privilégio de desfrutar de sua companhia.

Os ideais conforme a idade

Para cada faixa social ou fase da vida de uma mulher com poder, há ideais a serem perseguidos e posições a serem conquistadas. Algumas priorizam a conquista profissional, sejam cargos ou salários; outras, um carro ou uma casa própria, e há as que colocam em primeiro lugar a relação amorosa ou a construção da família. Para todas, os dilemas surgem ao olhar os diversos caminhos e descobrir que necessitam optar por investir em um mais do que nos outros.

Digo isso porque, em determinados momentos, alguns projetos podem precisar ser deixados de lado para que outros se desenvolvam a contento. É o caso, por exemplo, de fases em que as mulheres sentem que querem investir mais no cuidado pessoal, ou no dos filhos, na vida familiar, em seus estudos ou na carreira etc. As que conseguem combinar vários desses projetos ao mesmo tempo precisam buscar um equilíbrio nisso tudo a fim de não desgastar sua base emocional. Estas chamadas mulheres polivalentes precisam lançar mão de seus melhores recursos para atingir suas necessidades, mas sempre com o cuidado de não exagerar na dose e se sobrecarregar.

Trabalho em uma empresa que promove muito seus funcionários, e quando esses atingem as metas são homenageados. *Cresci pessoalmente com ela, investi muito de mim e fui avisada da promoção como diretora numa reunião com toda a empresa. Os colegas, a diretoria e até o presidente me aplaudiram, mostrando publicamente que valorizavam meu esforço. O que mais me importava era aquele tipo de reconhecimento, a sensação de que faço bem e faço diferença. Não sou somente uma qualquer, ou mais uma funcionária. Assim, aquela promoção teve para mim um significado muito além do ponto de vista econômico. Foi uma conquista pessoal.*

C., 34 anos, gerente de produtos

O fundamental é que a mulher não deixe de avaliar constantemente a maneira como está buscando as suas vitórias. Quando as tarefas e os compromissos afogam-na a ponto de se sentir desamparada ou abandonada, este é o sinal vermelho para que dê uma parada, olhe o que está ao seu redor, veja como está sua vida, inspecione como anda sua mochila de equipamentos para lidar com os problemas e analise. Esta é a hora de ver se dá para seguir o caminho ou se é preciso fazer uma parada, fortalecer-se para só então retomar sua marcha pessoal. Essa reflexão deve ser feita com regularidade em todas as etapas da vida, não importa a idade.

Ouvir a própria voz

A voz é o mais antigo, universal e sofisticado de todos os instrumentos musicais. Segundo o livro Êxodo do Velho Testamento, Moisés e os israelitas cantavam seus louvores a Deus ao se verem libertados dos egípcios (por volta do século III a.C.). Com o advento do cristianismo, a antiga tradição judaica de cantar os salmos de Davi passou também para o culto cristão. Tempos depois, já pela Idade Média, os monges escreveram músicas que foram transmitidas com precisão ao longo das gerações.

No século XVI, quando só existiam cantores do sexo masculino, ainda tendo como base poética o amor cortês e versos emocionais e terrenos, os compositores criaram um estilo de música que tinha um ambiente acessível e expressivo. Só ao fim dos anos 1500 é que aparece a voz feminina necessária para compor o registro agudo pela primeira vez.

Com isso estou tentando explicar que a voz feminina demorou séculos para poder ser expressada. E mesmo hoje, passado tanto tempo, muitas mulheres ainda têm dificuldades para encontrar seu próprio timbre, sua própria voz e se fazer ouvidas. Não tem a ver com o falar sem sentido, o falar ininterrupto de coisas que não expressem o seu Ser mais profundo ou que não leve em conta aquele que escuta. Algumas, ao sofrer por amor, anestesiam-se, afastam-se da vida, ficam ausentes, sem sentimentos e, quando isso acontece, calam-se, não emitem som algum. Negam-se a expressar por meio da voz o que sentem, um de seus instrumentos mais nobres.

É como se os dois mundos, o exterior e o interior, estivessem em conflito. O mundo exterior aponta para uma realidade que diz para a mulher que a relação se findou, ficou fora de seu alcance, não há como modificar isso. Acabou a maior fonte de estímulo da sua vida: aquele amor. Mas deixou marcas, sentimentos profundos, registros de cenas inesquecíveis entalados profundamente em sua memória emocional. Já o mundo interior dessa mulher tem os elementos essenciais de sua alma que a fazem ser quem é com sua força, seu potencial, sua capacidade de pensar e agir, sua criatividade e espontaneidade. Tudo que existe dentro de cada ser humano é outra realidade, menos palpável, invisível, mais figurativa, simbólica e importante.

A capacidade de inteirar em um só esses dois mundos de características tão distintas é o que cria a possibilidade de colher o crescimento emocional necessário para a mulher lidar com as perdas no caminho da vida. É preciso um tempo para cuidar das feridas, fortalecer-se apoiada em seus valores e pilares emocionais. Agindo assim, passado o luto emocional, em breve essa mulher se sentirá apta a amar outra vez. Afinal, o amor mostra e ativa o sentido de viver, por isso jamais podemos nos privar dele.

Assim, quando a mulher descobre a potência e a beleza da sua voz e desenvolve o seu canto, a sua melodia e a sua harmonia interior, ela se torna poderosa e capaz de conquistar o mundo.

Identificar e fortalecer a voz interior como sua melhor companheira talvez seja a maior conquista de toda mulher.

CAPÍTULO 7

AINDA NÃO ESTÁ BOM

Desde que a mulher ingressou no mercado de trabalho, embora tenha se sobressaído com eficiência em todas as funções e conquistado visibilidade, ela vem travando uma luta desigual. No que diz respeito à jornada de trabalho, estudos recentes do IBGE revelam que as mulheres continuam ganhando menos que os homens, mesmo exercendo a mesma ocupação e com a mesma capacitação. Ou seja, os salários pagos a elas ainda são, em média, 30% menores que os deles, para uma mesma função, mesmo se as mulheres tiverem um número maior de anos de educação.

Tentam justificar essa discrepância afirmando que o acúmulo de afazeres domésticos e as maiores responsabilidades familiares impedem-nas de estender sua jornada e, assim, ampliar sua remuneração.

Pode-se perceber que não se trata de uma discriminação salarial propriamente dita, mas dos diferentes papéis que homens e mulheres desempenham em nossa sociedade e que envolvem questões muito mais profundas e complexas do que as contidas diretamente no mercado de trabalho.

Além disso, existe o que se chama de "discriminação ocupacional", com as mulheres ainda enfrentando barreiras para o ingresso em ocupações mais valorizadas social e economicamente, e quanto maior o nível educacional, maior a diferença entre os rendimentos masculinos e femininos.

Lamentavelmente, não basta ter mais educação formal para que a violência doméstica diminua. Ou seja, embora a Constituição estabeleça direitos iguais, a relação de forças entre os gêneros continua desigual, e as mulheres permanecem sofrendo discriminações, tanto no espaço público quanto no privado.

Pode-se dizer que a dominação masculina que vem atravessando os séculos transformou o mundo corporativo num lugar desconfortável e hostil para as mulheres, com ambientes rígidos, banheiros sujos ou não adaptados a suas necessidades, relacionamento interpessoal distante, linguagem rude, nomenclatura dos cargos de comando ainda no masculino. Além disso, a forma como a mulher se veste ainda é controlada e criticada como no tempo em que as empresas eram tocadas a lenha. E esse preconceito não ocorre apenas no Brasil. Nos Estados Unidos, por exemplo, os homens são brindados com uma porcentagem gritantemente maior de empregos, ao contrário das mulheres.

Além disso, mulheres em posição de liderança têm três vezes mais chances de perder seus empregos do que os colegas do sexo masculino. E tem mais: em entrevistas de emprego, os homens são vistos como "os provedores do lar", por isso ganham mais facilmente a simpatia dos recrutadores.

Mas o mais bonito é que, mesmo assim, as mulheres não sentem medo de serem mulheres e seguem impregnando o mundo corporativo com seus melhores atributos: a sensibilidade, a intuição e uma maior atenção ao outro, a tal da questão da inclusão de que falarei mais à frente. O reconhecimento pode não ser econômico ou visível na titulação dos cargos, mas fica patente na força que elas têm para implementar ritmo e valores no ambiente profissional.

Trabalho com significado

Mesmo com essa realidade, o cenário contemporâneo vem mudando a uma velocidade incrível, e as mulheres cada vez mais revelam seu papel empreendedor e assumem postos de prestígio à frente das grandes instituições. Essa tendência não é só percebida na política e nas grandes corporações, mas em empresas familiares e em diversos setores da economia, dos serviços ao ensino e pesquisa, das vendas ao esporte, passando pelas profissões liberais.

Contudo, por mais que se tente, não é possível separar o profissional da pessoa. Diariamente, quando inicia a sua jornada, a mulher carrega consigo todas as preocupações com a casa, sua organização e seu abastecimento, a saúde e a escola dos filhos, a empregada, os problemas do marido, dos pais, irmãos e amigos que ela, naturalmente, absorve como coisa sua e busca ajudar. Entre os compromissos de sua agenda diária e a pressão do trabalho por metas cada vez mais altas e com prazos cada vez mais curtos, ela sempre inclui um telefonema para um ou outro a fim de ver se tudo está correndo bem, perguntar se alguém melhorou de algum mal-estar, programar um evento de lazer para ela e o marido ou para a família toda, providenciar – e gerenciar – reformas na casa ou mudanças na decoração, agendar consultas em médicos para todos e, claro, ainda cuidar de pagar todas as contas da casa. Ou seja, a mulher de hoje é uma equilibrista em quem pratos rodam, copos se apoiam e bolas não param quietas para dar um sossego.

Coordenar tudo isso é árduo e, muitas vezes, não reconhecido por todos. Diante de tantas dificuldades, algumas desistem antes de tentar crescer profissionalmente, outras alcançam uma posição razoável e se conformam, e há aquelas que ousam lutar para chegar o mais alto possível. As desistentes, em geral, optam por se dedicar apenas ao marido e aos filhos.

Toda vez que não vê um significado no trabalho e escolhe abrir mão de lutar no mercado, desistir da carreira e ficar no (ou voltar para o) lar, mesmo após uma formação acadêmica primorosa, a mulher sente-se frustrada, e frustração rima com insatisfação. A insegurança espelha seu medo de não conseguir atender o que espera de si mesma, e às vezes os seus níveis de exigência são tão altos que nunca poderiam ser atingidos. A isso chama-se autoboicote, o pior de todos. Ela mesma encontra todas as justificativas e nenhuma criatividade para encontrar uma saída conciliatória ou temporária.

Contudo, tanto tentando conciliar família e vida profissional como devotando todo o seu tempo ao lar, as mulheres ficam assoberbadas. Ouço sempre essa reclamação no consultório, nas palestras ou nos *workshops* que administro e, se perguntarmos a qualquer mulher qual o seu maior problema, ela certamente dirá que se sente sobrecarregada. Casada, solteira, separada, viúva, com ou sem filhos, em início de carreira ou nos degraus mais altos da hierarquia profissional, ou mesmo quando dona de casa em tempo integral, a mulher brasileira sente-se oprimida pelo excesso de funções de que precisa dar conta.

Aprender a dividir e a delegar

Toda vez que ouço uma mulher reclamar de sobrecarga, não consigo deixar de refletir o seguinte: essa não é uma reclamação frequente da mulher norte-americana. Por que será? Será que alguém tem uma resposta clara para esse fenômeno?

Mesmo não contando com empregada diariamente ou faxineira (esse tipo de mão de obra é caro demais nos Estados Unidos), a mulher norte-americana limpa a casa, lava a roupa, separa, leva para o armário (eles nem passam a roupa por lá), faz as compras, leva e busca os filhos na escola e ainda é responsável por preparar todas as refeições diárias, assim como aquelas mais especiais, quando o casal recebe amigos para almoços ou jantares, e ainda cuida da louça e da arrumação da cozinha. Isso trabalhando ou não fora de casa. É claro que, para dar conta de tudo, ela conta com excelentes produtos de limpeza, equipamentos eletrônicos da melhor qualidade, um carro potente e, eventualmente, com a ajuda do marido e/ou dos filhos.

Quando comparo a brasileira que tanto reclama dos afazeres domésticos com a norte-americana, penso que a mulher daqui ainda não aprendeu a abrir mão de comportamentos do passado e, mais, não aprendeu a delegar algumas tarefas aos filhos e ao companheiro. Ela sofre por tentar dar conta de tudo da mesma forma como a sua mãe e avó davam, o que é impossível nos tempos atuais em que a tônica é a pressa e a agilidade. Se ela não se adaptar, tornando a sua vida mais prática e funcional, corre o risco de se transformar numa reclamona assoberbada e sem tempo para si mesma.

Que aqui os homens ajudam menos em casa é fato, poucos desenvolvem algum tipo de atividade doméstica. Além de assumir mais as responsabilidades financeiras, talvez esteja na hora de a mulher brasileira se jogar em mais essa conquista: convencer o marido a participar mais das tarefas de casa, dividindo com ele algumas ocupações de forma a tornar a vida em comum mais equilibrada e prazerosa, ensinando o mesmo aos filhos.

Essa questão da divisão das tarefas há tempos já vem sendo resolvida na Europa. Nos Estados Unidos, por exemplo, mais recentemente os alunos do segundo grau (garotos e garotas), além de já terem obrigações para com a comunidade em que vivem, com um número mínimo de horas de dedicação, recebem aulas de desenvolvimento psicológico e para educar crianças menores. Ou seja, os adolescentes norte-americanos de ambos os sexos já estão aprendendo o que é uma criança, o que é xixi, o que é cocô, como se troca uma fralda e os cuidados que um bebê requer. Com isso, estão assumindo responsabilidades, envolvendo-se com o que acontece ao seu redor e, ainda, sendo preparados para, no futuro, tornarem-se pais e mães capazes de manter uma vida profissional sem precisar abrir mão de cuidar e orientar seus filhos.

Trata-se de um grande progresso, porque, décadas atrás, as mulheres eram ensinadas a trabalhar, mas também a fazer balé, a cozinhar, contudo os homens não aprendiam a cuidar dos filhos que faziam. Isso vem gerando, além do conhecimento, um senso de responsabilidade e a ampliação do entendimento da relação entre pais e filhos.

Hoje quase não resta tempo para as meninas aprenderem a fazer artesanato, dançar ou dominarem as mínimas noções de culinária, pois muito cedo elas ingressam no mercado de trabalho, precisando se dedicar integralmente, a fim de obter sucesso.

E cada vez mais os homens se orgulham de suas aptidões na cozinha, sendo aplaudidos por elas que, muitas vezes, não sabem nem sequer fazer um arroz.

E aí a gente se pergunta: será que a essência feminina vai mudar? Eu, sinceramente, não acredito. Pode ser que a mulher conquistadora (o conceito de conquistadora inclui as não profissionais), mesmo tendo escolhido ser nota dez e, portanto, com menos tempo de cuidar da aparência, opte por um modo mais fácil de viver: cortes de cabelo mais práticos, estilo de roupa mais atemporal, que exija menos tempo com as compras, sapatos mais clássicos e duráveis, para evitar reposições a todo momento, depilação definitiva. Pode ser que a mulher, para evitar perda de tempo indo a uma academia, opte por ter uma esteira e outros equipamentos em casa ou mesmo um *personal trainer* para não deixar de lado os cuidados com o corpo e a saúde. Mas, sinceramente, acredito que nunca perderá a sua essência feminina, se ela for legítima.

Ao longo da terapia, tenho me queixado de cansaço, apatia, falta de motivação. É como se o papel que exerço na família estivesse me extenuando. Porém, no dia que me foi pedido para refletir sobre o que é ser mulher, eu me vi num lugar agradável, no campo, e era uma manhã ensolarada. Eu me senti bem e com a certeza de que ser mulher para mim, pelo menos por ora, é partilhar os meus dias e noites com um companheiro, ter filhos, uma profissão e um trabalho, e manter certa independência. Sinto que em todas as frentes da nossa vida temos que lutar e defender nossos direitos e nos livrar de parte dos deveres que nos são atribuídos. Quando me foi pedido que pensasse e orientasse meus filhos sobre o que é ser mulher, primeiro, ao pensar na minha filha, aconselhei-a que procurasse amar e ser amada e que não tivesse medo de se envolver, que estude muito e se empenhe em ter uma carreira, um trabalho que lhe dê prazer e que a torne independente financeiramente e, sobretudo, que jamais abra mão de si mesma. Ao meu filho, recomendei que buscasse observar e compreender as necessidades da mulher e procurasse tratar todas, sobretudo a namorada, com a maior delicadeza e sensibilidade.

E., 40 anos, comerciante

> Você já imaginou, se tivesse uma filha, qual seria o seu legado para ela como mulher?

Lutar sem perder o feminino

Como dosar poder com feminilidade? Ao deixar o ambiente doméstico para se lançar no mercado de trabalho, algumas mulheres atrofiam o seu lado feminino, com medo de parecerem frágeis demais diante dos colegas do sexo oposto já mais talhados para os embates no campo profissional.

Muitas, desde funcionárias menos especializadas às profissionais liberais ou da área corporativa em ambientes com cultura predominantemente masculina, forçaram-se a esconder os aspectos particulares que poderiam denunciar suas inseguranças, inexperiências e medos e, aos poucos, esse comportamento que era só uma armadura para enfrentar as batalhas profissionais, internalizou-se em outras esferas da vida. Outras paralelamente precisavam ainda seguir lutando para serem reconhecidas em casa, já que a vida profissional tem suas limitações e interfere preponderantemente no pessoal e vice-versa.

Assim, durante muitas décadas, a constante competição com o homem o fazia ser considerado como referência. E é difícil romper esse padrão. Daí o fato de até hoje as mulheres quererem ver e saber o tempo todo como eles estão, o que fazem ou pensam. O que vem de fora é o que falta para complementar a sua própria personalidade, quase uma imitação de espelho. Ao mesmo tempo, ao olhar para dentro, muitas sentem falta do ingrediente de que precisam para sua identidade feminina se confirmar. Ou seja, nesse processo, a máscara desfigura a personalidade, confundindo as mulheres sobre a própria essência.

Quero que meu marido me procure mais sexualmente. Minha sócia não me respeita e quer abrir mais dois restaurantes. Chego em casa a tempo de ver as crianças, pois sou eu que tenho que conciliar as demandas delas com escolas, terapias e esportes. Mas o que ganho não é suficiente para os meus gastos e o que ele dá para suprir a casa é ridículo, se comparado ao que meus filhos de fato precisam para o padrão de vida que levamos. Vou redimensionar tudo, carreira, maternidade e me posicionar de modo diferente na vida. Não vou perder o que conquistei até agora!
G., 43 anos, microempresária

À medida que a mulher se liberta das próprias amarras que ameaçam desvalorizá-la, ela passa a ter mais poder. Com esse poder, consciente ou inconscientemente, ela pode desprezar um homem mais sensível ou menos exitoso. Assim como pode optar por se esconder, vivendo de forma quase transparente em razão do medo de ser cobrada pelo sucesso hipotético ou por ele poder dificultar o seu convívio no trabalho ou em casa.

Ou seja, há uma luta de poder entre homens e mulheres que ainda não está resolvida, com costumeiras agressões de ambos os lados. Por mais que seja possível observar o prenúncio de uma nova atitude "sem gênero" (*genderless*, em inglês) no campo profissional, ainda há uma guerra que não está solucionada e que precisa ser conciliada. Homens e mulheres ainda estão assoberbados e confusos demais com os papéis de cada um, as demandas e as condições preexistentes para que possam conviver de forma mais serena, complementar e se sentir realizados. Mas, se todos se esforçarem, isso tende a mudar.

Eliminando a culpa ancestral

A mulher do século XXI vive cercada de dilemas. Com o tempo, ela foi acumulando muitas funções, talvez demais, e por isso sente-se dividida, o que a enfraquece, tornando-a eterna vítima de um insuportável sentimento de culpa. Se trabalha fora, sente-se culpada por não se dedicar como queria à esfera amorosa e aos filhos. Se optou por ficar em casa, sente-se incapaz, excluída e sem voz no grupo social. Se optou por colocar a carreira em primeiro plano, sente-se incompleta por não ter filhos ou namorado. Se está solteira, sonha experimentar o que é uma vida a dois. Se casada, sente a sobrecarga do casamento, ou então não sabe como manter o interesse e a paixão do parceiro depois de anos vivendo juntos. Se descasada, fica dividida entre o alívio e a solidão de não ter alguém com quem compartilhar seu carinho, sua cama e seu cotidiano.

Simpatia: essa palavra foi a primeira impressão que me foi passada pelo grupo. Achei as pessoas simpáticas e flexíveis em expor suas vidas particulares tão facilmente para desconhecidos, senti-me confortável em falar a respeito das dúvidas e dos problemas que me incomodam tanto. Acredito que, por ser a única solteira do grupo, eu tenha menos experiências para passar às outras pessoas. Isso me motiva, porque vou aprender bastante com circunstâncias já vividas e saberei como agir nas diferentes situações que virão pela frente. De início, aprendi a ser um pouco mais sociável com as pessoas, coisa que me travava toda vez que conhecia gente nova. Agora sou naturalmente sociável e mais aberta a conversas. Isso vai ajudar muito no meu desenvolvimento pessoal. Espero sair bem melhor do que entrei, é uma esperança que pretendo cultivar sempre em mim, pois o ser humano vive aprendendo por toda a vida, ninguém sabe tudo.
J., 27 anos, atendente de telemarketing

O depoimento dessa mulher que participou de um grupo no Hospital das Clínicas nos revela que ali, onde pôde sentir-se acolhida e menos julgada, ela conseguiu se abrir para o crescimento e aprofundamento de seu universo emocional. Mas sempre ocorre esse tipo de acolhimento no trabalho ou na sociedade em geral. A experiência da mulher vem de críticas que minam a sua autoestima. Da mesma forma que ela tenta encontrar maneiras de se relacionar adequadamente, está sempre alerta para o que vai mostrar, ouvir ou como será avaliada pelas outras. Com essa atitude preventiva, deixa também de aprender o que poderia confirmá-la como mulher.

Conciliar sem se abandonar

A mulher poderosa se torna conquistadora quando é capaz de executar, com igual eficiência, múltiplos papéis. Ela é mestre em CONCILIAR (unir, colocar junto, combinar). Mas, no percurso, sem que se dê conta, ela também pode se especializar em FALHAR consigo mesma, quando não consegue conciliar todas as incumbências que assume e, ao mesmo tempo, manter a sua identidade feminina.

Quando a mulher se desintegra, deixando de fora aspectos da sua essência feminina e dos seus atributos naturais como mulher – seja por tempo, função ou abandono –, ela estará falhando. Terá a sensação de que perdeu as características que a compõem e fazem dela uma mulher. Quando aprende a conciliar todos os prismas de sua vida, ela sente-se integrada consigo mesma e, mais, percebe que conquistou a si própria.

Agora, a conquista maior de uma mulher talvez esteja na consciência de que tudo passa, tanto as coisas boas quanto as ruins. Às vezes, ela luta tanto por algo ou algum objetivo que, quando consegue, primeiro vem a felicidade interior de congratulação, depois a comemoração externa. Mas, com o tempo, aquela aquisição vira rotina e, momentos depois, ela já nem se lembra de como era a vida sem aquilo.

Quanto tempo dura o efeito de uma conquista? Seja ela uma promoção profissional, a compra de um bem, a realização da maternidade, um amor que retorna, uma nova paixão há muito ambicionada, e por aí afora? Estudos da Universidade de Illinois, nos Estados Unidos, mostram que em três meses o sintoma de júbilo se esvai e, em seis meses, desaparece sem deixar vestígios. Ganhadores da loteria, após um ano, não estão mais felizes do que eram antes de ganhar o prêmio. Portanto, é sempre importante relembrar que a mulher que almeja algo pode perder outra coisa. A vitória momentânea pode ter um gosto bom, mas, depois que passa, dissipa-se, e só então é que se percebe que há um vazio do que foi deixado para trás, algo de valor irrecuperável. Ou seja, não há conquista sem conciliação. O que ela quer com seu poder pode ou não propiciar que ela sinta ter se tornado uma conquistadora da própria vida. Isso sempre deve ser levado em conta antes de se traçar metas.

A mulher: seu pior carrasco

O chefe exige, o marido cobra, os filhos consomem, a família suga, os amigos esperam. Porém, mais do que tudo, é a própria mulher o seu pior carrasco. Ela se impõe parâmetros tão altos, exigências quase impossíveis de cumprir, segue acreditando no mito de que pode tudo, rompe todos os seus limites do privado (que seria o seu espaço psicológico), nega-se tantos prazeres, e ainda no fim, ao checar sua imensa lista, julga-se incapaz por não ter conseguido dar conta de um ou outro item em sua caixa de obrigações diárias e intermináveis. E, como resultado, sente-se insatisfeita, frustrada.

Sou muito detalhista e nunca acho que atingi a perfeição nas coisas que faço. Divido-me entre a família e a carreira, trabalho mais de dez horas por dia, estudo e ainda cuido diretamente do meu filho, porque o pai não tem paciência com ele.
R., 31 anos, estudante de direito

Quando vejo estatísticas públicas ou examino o material produzido por meus pacientes sob solicitação minha, a fim de que se percebam melhor, fica claro que a mulher em geral trabalha fora de casa, em média, menos horas que o homem, porém mais do que o dobro dele nos afazeres domésticos.

Tenho um exercício que aplico em várias situações, desde *workshops* a palestras, para mobilizar as pessoas a indicar quais os papéis que exercem na vida e mostrar, num círculo, as fatias do tempo que empregam com cada um desses papéis. Depois peço que comparem essa divisão do tempo com seus modelos parentais. Por fim, peço para imaginarem como gostariam que seu filho ou sua filha, dependendo do caso, distribuíssem o tempo deles no futuro. Ao fim, sempre constato: a vida leva as pessoas para onde não gostariam de ir, como se não tivessem autonomia para dirigi-la.

E a sua estrada, pra onde está te levando?

Bom, caso você já tenha percebido que tomou algumas decisões erradas, de nada adianta ficar se lamentando pelo que passou. Melhor é, a partir de agora, aprender a não jogar todas as expectativas de valor num único aspecto da existência. A vida deve ser vivida como um multi-investimento em que o potencial de cada um deve ser aplicado em campos distintos. Já que a mulher hoje assume muito mais seus investimentos financeiros, principalmente os mais seguros, cabe também a ela mudar de rota quando sente que essa não lhe trará mais dividendos. Está na hora de ela escolher um caminho que proporcione a valorização do feminino que tem dentro de si, sustentando-a com o que já foi conquistado, sem alimentar frustrações, enquanto diversifica o plantio e espera pelos futuros brotos.

Emoção *versus* razão

Na hora de conquistar, a mulher deve ampliar, potencializar as suas melhores armas: a sensibilidade, o afeto e a intuição, em vez de lançar mão dos artefatos masculinos de conquista. Ser racional, distante e fria (qualidades tipicamente masculinas) é bem diferente de ser amorosa, contemporizadora, intuitiva e conciliadora (atributos femininos naturais). Afinal, é possível ser racional e extremamente sensível e afetiva, uma coisa não elimina a outra, pelo contrário, complementa, tornando suas atitudes e decisões bastante sensatas. Em certas situações, ao agir emocionalmente ela pode tornar-se incapaz de enxergar o outro e os seus sentimentos, o que pode ser bem agressivo.

Uma mulher emocional pode ser tão intensa que provoca grandes estragos na construção da relação amorosa. Quando ela joga sobre o companheiro todo o seu impulso de raiva ou vingança, muitas vezes ela o assusta e mais confunde do que conquista.

Veja a seguir como foi o processo de descoberta de uma participante de um dos *workshops* que coordenei no Hospital das Clínicas, em que eu pedia para cada mulher definir a si própria e mandar uma mensagem para o filho e para a filha (mesmo que hipotéticos).

Como parte do processo de confirmação do feminino, do gênero propriamente dito, gosto de levar as mulheres a refletir sobre o que é a mulher e como fariam para ensinar ou orientar um filho/uma filha. Essa técnica as instiga a tomar consciência de como estão levando a sua vida, fazendo-as ainda organizar mentalmente os conceitos que elas consideram válidos para serem transmitidos à nova geração. Ao serem solicitadas a perceber melhor seus comportamentos e atitudes, elas notam em que áreas precisam se posicionar melhor. Quando a mulher encontra o seu eixo a partir de sua identidade de gênero e dos parâmetros de feminilidade, ela se sente estimulada a obter recursos mais eficazes para o que quer conquistar ao longo da vida.

Se eu tivesse filhos, queria poder dar a eles um futuro melhor e mais feliz que o meu, eles teriam que ser o inverso de mim. Para minha filha, falaria: "Seja forte, mantenha sua individualidade, não se anule por ninguém, seja sincera com todos e flexível a ideias novas. Viva intensamente o presente, não lamente o passado nem se preocupe com o futuro ou se arrependa do que fez. É melhor errar e tentar novamente do que ser uma pessoa sem história. A vida é curta, por isso não tenha medo de ser feliz. Não devemos somente analisar, mas simplesmente viver. Entregue-se, ame a si mesma, expresse seus sentimentos. Se descobrir que algo não vai bem, que a pessoa não é a certa, seja transparente, dialogue e resolva a situação. Não deixe nada mal resolvido". Para meu filho, falaria: "Seja mais sensível, atencioso, prestativo, fiel, carinhoso, amigo. Seja um ouvinte incansável dos desabafos da mulher, respeite e admire-a pelo que ela é e não pelo que ela tem a oferecer".

T., 45 anos, comerciária

Atenta aos cuidados pessoais

Particularmente no Brasil, ir ao cabeleireiro e pintar as unhas é um ritual semanal obrigatório para a grande maioria de mulheres. As mais cuidadosas estão sempre atentas para a sua apresentação geral, mãos e pés, cabelo, tintura, maquiagem, hidratação etc. Certa vez, uma paciente que estava em uma fase de troca de emprego marcava suas entrevistas de seleção, mas fazia questão de ir ao cabeleireiro antes. "Sinto-me mais poderosa depois de uma escova." Assegurar-se e estar absolutamente com o cabelo em ordem era uma preocupação genuína nela.

Quando não é legítima, a mulher descuida de si, vai trabalhar com o cabelo sujo, gorduroso, sem corte ou descolorido, não liga para a aparência, engorda, veste-se com deselegância e acaba se tornando uma triste cópia de muitos homens desleixados.

Na vida íntima, a falta de cuidados pessoais da mulher colabora para o desmoronamento do casamento, impede a intimidade, pois o marido não sente liberdade para lhe chamar a atenção nem mostrar claramente a impressão que tem dela. Aí as coisas entre os dois só pioram. No trabalho, quando o chefe fala: "Você precisa se cuidar melhor" e ela não admite, não segue o conselho, apenas ignora. Mas se o marido disser a mesma coisa ela se magoa, briga, se ofende. Uma hora o marido vai embora e ela não sabe por quê. Sua aparência vai piorando, o chefe passa a insistir até que, em determinado momento, ele a demite, e ela também não sabe a razão. Claro que estou generalizando. Até porque existe o oposto, e hoje tem muita mulher que também manda embora os homens pelos mesmos motivos, tanto na vida pessoal como no trabalho. Afinal, ninguém aguenta conviver com gente desleixada, principalmente que se não se gosta.

Todo mundo sabe que a apresentação pessoal, além de ser a primeira impressão de alguém que não se conhece, diz muito sobre quem ela é. Dependendo do que se espera dela e do que ela quer mostrar, quanto mais a mulher sabe de si, mais ela mostra sem precisar dizer nada. Certa vez, uma paciente me disse que clareou o cabelo para facilitar a aproximação masculina. "Eu tinha os cabelos vermelhos e chamava atenção onde quer que circulasse, mas eles olhavam e desviavam o olhar. Deviam pensar que eu era inatingível. Acho que as ruivas dão mais trabalho para eles."

Primeiro ocupar, depois expandir

As mulheres têm razão ao dizer que ainda não está bom. Ainda está longe o dia de a mulher poder (verbo) exercer seu poder (substantivo), sem culpas ou sobrecargas, nem deixar de lado todos os seus anseios. Como vem fazendo há tempos, ela continuará correndo atrás de sua independência financeira, sexual e profissional, mas por muito tempo ainda precisará esforçar-se para ter o respeito e o reconhecimento social que merece. Quanto ao ambiente hostil em certas empresas, ela não conseguirá nada sem antes ocupar os espaços para depois fazer as transformações que facilitem a sua circulação e o seu desenvolvimento, sobretudo se jamais se perder de suas convicções e necessidades.

Como terapeuta, contudo, tenho certeza de que a transformação é de dentro para fora. Quanto mais a mulher se desenvolve pessoalmente, mais ela terá recursos para promover as mudanças que deseja em sua vida e que vão repercutir no âmbito socioprofissional. As maiores dificuldades estão dentro dela, nos aspectos que a reprimem, nas crenças e nos mitos aos quais ainda se apega. São esses conflitos pessoais que dificultam a sua transformação e realização. O poder de fora vem do de dentro, e isso pode ser adquirido com o resgate do *Ser Mulher*.

Mulheres não são iguais aos homens e ambos têm características que os diferenciam e que não desvalorizam nenhum dos lados. A saída para que as mudanças aconteçam mais rapidamente são as relações simétricas, de mesmo valor, ambos os lados respeitando suas características distintas. Cada um tem o seu lugar na relação (seja ela amorosa, social ou profissional), mas com uma valoração diferente. O relacionamento homem/mulher se estabiliza quando existe essa simetria sem que eles se confundam, respeitando as características de cada um. Já em relações assimétricas, um manda, o outro obedece, um sabe, o outro não, como as de um professor e um aluno, e essas posições nunca mudam.

Sei que os valores que imperam no mundo dos negócios ainda são demasiadamente masculinos. Mas sei também que as corporações estão começando a feminizar suas formas de comando, valorizando cada vez mais características femininas como a emotividade e a intuição, capazes de criar ambientes mais afetivos e humanizadores. Cada vez mais, o mercado vem utilizando a visão inclusiva feminina, sua maneira receptiva e agregadora para a composição das equipes e dos departamentos.

Eu sou um otimista convicto. Por isso acredito que, depois de tanto esforço, as mulheres estão criando a sua história de conquistas, ocupando todos os espaços possíveis de forma legítima. E, com certeza, dadas sua sensibilidade e sua competência, elas vão cada vez mais promover lideranças com um poder justo e ao mesmo tempo humano.

CAPÍTULO 8

A PRECIOSIDADE DA VIDA

Ponho-me a pensar no quanto uma harpa é capaz de me inspirar. Certa vez fui assistir à apresentação de uma orquestra e me lembro até hoje de uma mulher tocando aquele instrumento enorme. Ela manipulava o arco com seu braço longo e flexionado, disparando sons de amor de forma certeira.

A cena daquela figura clara, angelical, quase divina, que retenho na memória contém toda a delicadeza e o timbre característico de uma mulher conquistadora de si própria. O seu poder de portar aquele instrumento tão maior do que ela fisicamente, de manusear aquelas cordas igualmente longas e delas extrair sons celestiais, não é terreno, e sim do além, sublime. Por trás dessa suavidade, *havia* uma guerreira, uma deusa que conquistava a sua posição única naquela orquestra, assim como é única a posição de cada mulher no universo.

Palas Athena foi uma deusa do Olimpo – lugar onde vivem as divindades da mitologia grega – que veio para lidar com a literatura, o conhecimento, e ao mesmo tempo com a liberdade. Considerada a patrona de Atenas, era uma das principais divindades do panteão grego e, segundo a mitologia, a deusa da guerra, da civilização, da sabedoria, da estratégia, das artes, da justiça e das habilidades. Nasceu da testa de Zeus, de sua inteligência, e não de sua testosterona. Jovem, bonita e inteligente, ela regia toda a Grécia. Manteve-se virgem e jamais se casou, pois não precisava disso para se afirmar.

Recorro a essa divindade porque ela traduz toda a simbologia da capacidade que uma mulher tem de, ao mesmo tempo, estar no poder e manter a sua feminilidade.

Em meu trabalho de estudo dos gêneros, peço sempre que as mulheres busquem dentro de si e me respondam:

Como está o seu poder?

Meu poder é
A alegria de viver
A compreensão
As minhas reflexões e ações
A perseverança
A sensibilidade

Meu poder está
Nos meus sonhos
Na minha capacidade de luta
No meu entusiasmo
Na minha compaixão
Na minha meiguice
Está muito escondido, nem sei qual é...

Meu poder reside
Na ajuda aos outros
Na minha capacidade de amar
Na minha integridade moral
Na persistência e no meu discernimento
No meu lado feminino
No meu otimismo e na vontade de fazer as coisas
Na minha determinação

Algumas mulheres responderam dessa forma.
E a sua lista, qual é?

A verdade é que a mulher pode muito! Estudos das neurociências indicam que ela utiliza dois hemisférios para falar, o que lhe atribui características de uma comunicação oral privilegiada. E, como se desenvolve mais na percepção do que escuta, ela se aproveita desses recursos para se colocar mais claramente no mundo.

Essas características já podem ser observadas quando uma menina brinca com suas bonecas. Nessa simples brincadeira, a garotinha exerce toda a sua capacidade de fantasiar e se entreter enquanto conversa com a boneca, uma miniatura de si mesma. Se, ao crescer, a mulher continuar a utilizar essas mesmas capacidades de cuidar, fantasiar e se expressar, mais possibilidade ela terá de abranger, com facilidade, horizontes mais amplos. Assim, mesmo quando faz uso de expressões de dúvida, como "não sei", "acho que" ou interjeições como "não é?", a mulher está ajudando, a seu modo, a participação do interlocutor no diálogo, o que coincide com a atitude de trazer os outros para sua vida. Quando inclui, ela traz para perto, agrega, aceita, validando o outro. É assim que ela esboça sua capacidade de conexão com as pessoas de seu convívio.

A mulher sempre está atenta ao mundo como uma brigadista, como soldado de uma força militar organizada. Isso não tem a ver com discussões, atitudes agressivas no trabalho, com os homens ou os relacionamentos sociais. Tem mais a ver com as brigadas de incêndio que são criadas nos edifícios maiores. Brigadistas não combatem o fogo tal como os bombeiros, mas somente potenciais princípios de incêndio. Tudo o que eles precisam detectar é se há o perigo de uma chama que se forma. Se veem que o fogo pode se alastrar, precisam tomar decisões rápidas de forma a evitá-lo ou proteger os demais, caso ele seja iminente. Com a mulher ocorre o mesmo, pois ela sabe que as resoluções que tomar serão fundamentais para o bem-estar dela e de todos que a rodeiam. Assim funciona a mulher na vida em geral, pois a sua relação com o mundo depende de inúmeros fatores e causas, é multifacetada, depende de todos os elementos que compõem a sua realidade.

E melhor realidade a mulher terá quanto mais bons pensamentos preencherem sua mente. Resignação e apatia são contraindicados, paralisam-na. Quando utiliza seu impulso poderoso como ingrediente em sua conquista, os pensamentos que conduzem esse processo são capazes de gerar bons frutos. Dessa forma, a mulher estará agregando a si uma experiência genuína, capaz de integrar diversas instâncias de sua dimensão humana. Quando ela mantém o foco em suas metas, apoiada em sentimentos positivos, melhores resultados obterá.

Bem quando me aproximava do fim deste livro, eu pensava de que forma concluí-lo para deixar uma mensagem de estímulo às mulheres, de modo que cada vez mais usem seu poder natural para se tornarem também conquistadoras. Fui então para Águas de São Pedro, no interior de São Paulo, onde sempre ministro *workshops* de vivências do feminino e do masculino, e numa manhã fresca, caminhando pelo bosque da cidade, uma das preciosidades que a natureza nos deu, deixei os pensamentos fluírem.

Lembrei-me, então, de um grupo só de mulheres que, anos atrás, participou do meu *workshop*.

Como uma das atividades daquele fim de semana, eu as conduzi, bem tarde da noite, para experimentar a escuridão no meio dessa mata, estimulando-as a tecer sua imaginação com sonhos e fantasias. Quis levá-las a associar as dúvidas e medos do desconhecido à **vulnerabilidade** que sentiam em determinados momentos. Todas tinham uma lanterna na mão e total liberdade de usá-las para se localizar um pouco melhor. No entanto, em determinado momento, o grupo todo decidiu ficar completamente no escuro. As brechas de luz vinham da lua e nem iluminavam totalmente. Essas mulheres ficaram à mercê do desconhecido, do breu, consigo mesmas e suas sensações. Cenas foram surgindo em suas mentes, e, mesmo sem se enxergarem, elas começaram a contar umas para as outras coisas preciosas de seu feminino mais íntimo, **sem vergonha** *de ser quem eram*.

Estarem juntas, naquela **conexão** tão intensa e com a minha direção, propiciava a elas um campo de confiança, predispondo-as a demonstrar a sua **coragem** e estimulando a busca por novas experiências. Ninguém sabia o que aquela vivência poderia gerar, nem mesmo as suas consequências. Aquelas mulheres sabiam apenas que estavam se entregando para a vida. Isso é viver em plenitude, exatamente desse jeito, sem garantias. Quando a mulher se abre para si e para o que a vida tem a lhe ofertar é que ela começa a sua jornada de conquistas.

Essa grata lembrança me fez observar o chão do bosque naquela manhã luminosa. Em minha caminhada, ora eu pisava num terreno arenoso com folhas, ora em trechos asfaltados seguidos de outros forrados de pedras. Então comecei a pensar qual seria o melhor tipo de caminho para a mulher naquele contexto. Optar pelo caminho asfaltado seria bem mais simples, mas a impermeabilidade do solo impediria de desfrutar um contato direto com esse lugar de paz e com a natureza. Já as trilhas de terra poderiam ser bem legais e divertidas, mesmo com a lama que tomava determinados trechos devido ao temporal da véspera. Mas para curtir esse tipo de passeio, ela precisaria estar no espírito. Se a intenção for correr e se exercitar, as trilhas de terra batida são bem interessantes, mesmo que apenas para caminhar.

E quanto ao caminho de pedras? Ele poderia ser uma péssima escolha se ela estiver dirigindo um veículo luxuoso ou andando de salto alto. Mas, se vestida e calçada apropriadamente, caminhar sobre terreno tão irregular pode ser bem agradável, mas é preciso atenção e cuidado, pois as rochas podem se mover quando pisadas, o que exige equilíbrio e concentração. Sem a monotonia da firmeza ou da impermeabilidade, esse exercício de caminhar sobre as rochas pode se constituir num jogo de vencer o desafio, proporcionando à mulher um contato mais natural e genuíno consigo mesma, além de um sentido de realização ao ser concluído.

Resumindo, quando a mulher tem a **coragem** para experimentar, **sem vergonha** de suas **vulnerabilidades** e confiando em sua intuição e nos pilares de valores que a compõe, ela se torna capaz de fazer **conexões** muito além do que imaginava que fosse possível.

Falando nisso, chega de ter vergonha. Esse sentimento é normal, só não o sente quem não tem a capacidade de empatia implicada na conexão humana. Mas ele passa a ser um problema de desconexão quando se torna frequente, se a pessoa sempre acha que há algo em si que, caso descoberto, fará as pessoas se afastarem dela. E quanto menos se fala a respeito disso, mais esse sentimento é reforçado. Ele se manifesta com aquele jeito de pensar tão comum entre mulheres, como: "Não sou tão clara ou tão bronzeada quanto deveria" ou "Tão magra quanto precisaria", ou "Não tenho o dinheiro de que precisaria", ou ainda "Não fui promovida por causa de meus defeitos e minhas limitações".

A inteligência emocional e o amor

A inteligência emocional é importante para a mulher enfrentar sua ambivalência e a dificuldade em administrar os conflitos que permeiam seus papéis. Quando consegue conciliar a vida privada com a vastidão de seus sentimentos e suas emoções, ela pode colocar a seu serviço todo esse coeficiente e conquistar com sua sensibilidade o poder como mulher plena.

O princípio fundamental que toda mulher deve seguir é a vocação de sua criação e do conteúdo do amor que permite suas reações. Antigamente, a imagem da mulher estava baseada no sofrimento, era isso que mais a identificava. Basta lembrarmos velhos ditados como "Ser mãe é padecer no paraíso" e por aí afora. Quanto mais sofredora, mais feminina ela era considerada. Existem inúmeros exemplos dessa mulher sofredora nos clássicos da literatura universal, escritos séculos atrás.

Todavia, as coisas felizmente mudaram e, hoje, a plenitude é a maior busca da mulher. Integrando-se, ela torna-se consciente de seu patrimônio criativo e de sua surpreendente fertilidade. Gestando filhos, multiplicando seus genes, seus pensamentos, disseminando suas ações, ela realiza o seu desejo maior, que é fazer nascer o que tem de melhor para se realizar na vida, e dar sucessão a um círculo de geração de coisas boas, com a garantia da conquista de sua continuidade. De modo totalmente diferente dos dramas humanos e dilemas morais que perturbavam e obcecavam as nossas antepassadas.

Tudo é questão de acreditar no poder do seu Ser Essencial. Theda Basso, da Psicologia Transpessoal, fala do princípio feminino do amor que inunda a mulher. Creio que essa capacidade de amar a ajude a conceber a sinfonia de sua vida alternando, conforme a necessidade e a ocasião, sons agudos e graves, movimentos suaves e fortes, amando pela alegria simplesmente, pelo fluxo de sua beleza em particular e a constante recriação de si mesmo.

Certa vez, em uma palestra, a plateia aplaudiu um participante que disse: "Um homem que não tem uma mulher por trás fica perdido", e isso compreendia: sem família, sem casa, sem foco, querendo relações apenas pela quantidade e não pela qualidade. Essa plateia de mulheres e homens, reunida por uma importante revista feminina, provavelmente estava repleta de mulheres que sabiam e queriam a validação do que representavam na vida de um homem.

E mais, para se confirmar, a mulher de hoje não precisa mais estar atrás de um grande homem, nem mesmo ao lado de qualquer um. Até porque as obras biográficas de homens poderosos são pouco abrangentes e pouco fiéis quando não trazem à luz as mulheres com as quais eles conviveram e que tanto influenciaram suas vitórias.

A mulher não para. Cada uma a seu jeito, ela pega o que aprende com suas vitórias e derrotas, transforma as dores e vaidades que teve em todo processo e cria um novo caminho, conquistando para si o papel da melhor mulher que é capaz de ser. Ela pode escolher ser imprescindível para um homem ou antepor-se a uma obsessão descomunal, isso é opção de cada uma. Mas ela precisa saber que tem como e onde buscar a sua própria fonte de energia, com ou sem o homem.

A mulher concebe e interpreta a sua música

A forma como uma mulher se expressa pode ser comparada com a música. O som e as mensagens que emite são a sua forma de se expressar, sejam exclamações de alegria, desabafos relativos aos problemas ou a emoção sentida por algo que presenciou ou experimentou. É na forma de sua música interior que suas emoções transitam para outra realidade.

É com a realidade fictícia de sua música – seja por meio da própria voz ou com o timbre de um piano, bateria, harpa ou violoncelo – que a mulher poderosa e conquistadora constrói a sua obra para ser escutada por todos os lados. É aí que sua alma transcende limites e atualiza seus anseios, suas ilusões, seus desejos, suas paixões, ao mesmo tempo que consegue ir eliminando, um a um, sentimentos de frustração ou medo que a assaltam, tal qual um computador faz para recuperar dados e se formatar para uma nova sequência de informações.

A música transmite em outra linguagem o que uma mulher sente e que a aproxima de outras pessoas, conectando-a com as que sentem a mesma coisa. Buscá-la dentro de si permite que se liberte para expressar seu som e seu timbre interior. Se aprender a música, pode também desenvolver a letra. É dessa maneira que ela expressa que quer conquistar sua autonomia e se livrar das velhas amarras limitadoras aprendidas ainda na infância as quais diziam que não se deve querer aparecer muito. Chega de ser invisível!

Esse mundo em que vivemos hoje espera a mulher com senso de merecimento, de amor, de pertencimento. Por isso a coragem na conquista é imprescindível. **Coragem** vem do latim, e sua raiz *cor*, de "coração", relaciona-se com a emoção. A emoção do entusiasmo cria as condições para a conquista. E a coragem de poder ser imperfeita vem da conexão autêntica com o seu Eu. A mulher que é gentil consigo mesma abandona **o que deveria ser** para ser **quem ela é** de verdade e se assumir genuinamente.

Para isso precisa aceitar a sua vulnerabilidade, tornar-se aprazível, linda, com o seu jeito especial de ser. Precisa também se dar o direito de fazer as coisas sem tantas garantias. Poder dizer antes o "te amo", mesmo com o risco de não ter retribuição.

Pode espernear até chegar o resultado da mamografia e deixar de acreditar que controlar e prever a deixa em um lugar seguro – longe de todos, sem os vínculos humanos que podem suprir sua alma. Aceitar essa vulnerabilidade a coloca num lugar de pertencimento, de amor, de alegria e de criatividade. O mundo é assustador em muitos momentos: no início de uma relação sexual, quando se demite alguém, quando somos dispensados, quando se chama alguém para sair, quando se faz uma apresentação para toda a empresa e em inúmeras outras situações parecidas.

A mulher que se paralisa com essa suscetibilidade estanca sentimentos como medo e dor, mas também bloqueia a alegria, a gratidão e a felicidade. Passa a ser infeliz e vai em busca de escapes como comida, remédios, bebidas etc., que a levam a não ser vista nem se arriscar a conceber mais nada. Deixa o seu entusiasmo, força motriz da conquista, ir embora. Ao aceitar-se como é, com todos os seus defeitos, limitações mas também qualidades, a mulher cria espaço para ser criativa e espontânea.

Por que então você não se propõe a começar a mudança agora, por única e exclusiva vontade própria, como se estivesse atendendo a uma encomenda de si mesma? Se a Nona Sinfonia de Beethoven (uma obra-prima que ora amedronta, ora pede socorro, ora acalma o ouvinte) foi escrita em parte em resposta a uma encomenda de 50 libras, em 1822, da London Philarmonic Society, e tornou-se uma coisa única, espetacular, um sucesso memorável e que vem sendo aplaudido por séculos, por que você também não pode atuar sob encomenda? Encomende a sua... com urgência... porque a vida passa muito rápido!

ANEXO

COMO VOCÊ VEM SE DIVIDINDO?

⸻◆⸻

Agora que você concluiu esta leitura, considere o que vem a seguir como algo similar à "faixa bônus". Trago aqui um exercício que costumo aplicar e que é uma forma de mobilizar as pessoas a indicar quais papéis exercem na vida.

Então, sugiro que mostre num círculo em formato de pizza as fatias do tempo que vem empregando com cada um desses papéis importantes em sua vida (profissão, família, lazer, vida social, esportes, cultura etc.). Você pode acrescentar mais aspectos ou até eliminar alguns, se for o caso.

Como era, como é, e... como será

Depois de desenhar como vem sendo a sua distribuição e de refletir a respeito, repita o processo nos círculos a seguir sobre como as mulheres próximas a você dividiam o tempo. As divisões devem ser feitas da seguinte forma:

Mulheres:
— um círculo para você
— um círculo para a sua mãe
— um círculo para sua filha

Homens:
— um círculo para você
— um círculo para a sua mãe
— um círculo para a sua mulher
— um círculo para a sua filha

Lembrando que você deverá retratar a divisão de tempo da sua mãe quando tinha a sua idade e a de como gostaria que fosse a da sua filha quando tiver a sua idade.

Exemplos

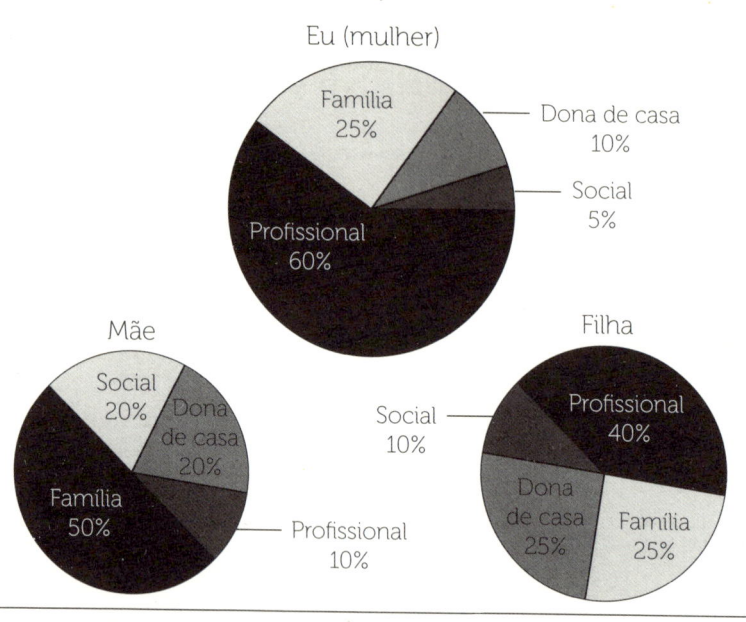

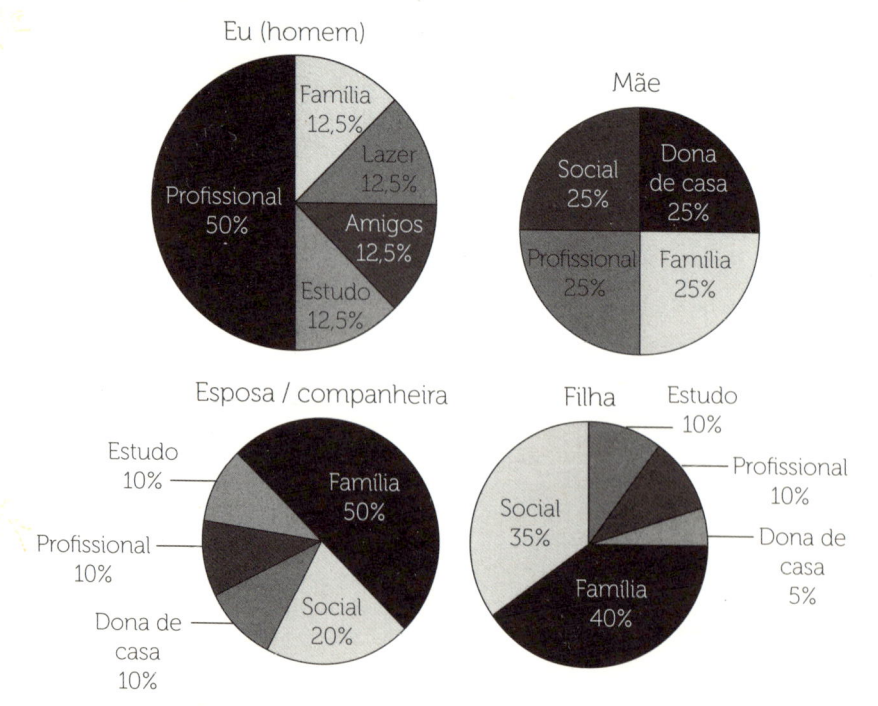

Eu (mulher)
- Família 25%
- Dona de casa 10%
- Social 5%
- Profissional 60%

Mãe
- Social 20%
- Dona de casa 20%
- Família 50%
- Profissional 10%

Filha
- Profissional 40%
- Social 10%
- Dona de casa 25%
- Família 25%

Eu (homem)
- Família 12,5%
- Lazer 12,5%
- Amigos 12,5%
- Estudo 12,5%
- Profissional 50%

Mãe
- Social 25%
- Dona de casa 25%
- Profissional 25%
- Família 25%

Esposa / companheira
- Estudo 10%
- Profissional 10%
- Dona de casa 10%
- Família 50%
- Social 20%

Filha
- Estudo 10%
- Profissional 10%
- Dona de casa 5%
- Família 40%
- Social 35%

O objetivo é que, ao comparar os modelos que teve na construção de sua identidade, você seja capaz de identificar como esses modelos afetaram a forma como você vive hoje e promover as mudanças que achar necessárias. Depois, compare como você está consigo mesmo e em relação aos outros. Se gostou do resultado, parabenize-se por tudo o que conseguiu e festeje. Porém, se verificou que algo precisa mudar, parta logo para a ação. É agora ou nunca!

Criação de abordagem do tema de gêneros em psicoterapia de Dr. Luiz Cuschnir, São Paulo, Brasil, 2007

Por conta dos vários trabalhos que desenvolvo, costumo receber cartas e/ou *e-mails* de pessoas solicitando orientação pelo meu site (é só se registrar): www.luizcuschnir.com.br

Este livro foi composto em Granjon e Museo
para a Editora Planeta do Brasil
em maio de 2012